そろそろ投資をはじめたい。

渡部清二
会社四季報100冊超読破の達人

サンマーク出版

渡部さん、僕「投資」を始めたいんです。

少し前まで、投資って
「自分とは違う世界の話かな」と思っていました。
でも、最近やたらと投資の話題を耳にするようになったんです。

日経平均株価がバブル期以来の高値をつけた。
新NISAが始まった。
ウォーレン・バフェットが日本株を買っている。

投資と無縁だった僕でも、
この辺の話題はなんとなく聞いたことがあって、
だんだん他人事じゃないような気がしてきたんです。

しかも給料は大して上がらないのに、
ものの値段ばかり上がっているじゃないですか。
この間も牛丼屋さんで食べた牛丼が５００円近くして、
さすがにクラクラしました。

会社の同僚や学生時代の友人たちに聞いても、
結構みんな投資してるみたいですし、
これはいよいよ僕も投資を始めるときが来たのかなって。

……でも、投資って正直よくわからないし、
怖いし、とにかく損したくないんです。
会社員なので、それほど時間も使えないですし……。
渡部さん、こんな僕でも投資を始められる方法を
〝超わかりやすく〟教えてくれませんか?

はじめに

投資を始めるなら、今！

こんにちは。複眼経済塾という投資・経済スクールの塾長を務めています、渡部清二と申します。先ほど読んでいただいた文章は、２０２４年2月に本書の担当編集者から受けた相談を再現したものです。

確かに、ここ数年で投資に興味を持つ人は増えました。

複眼経済塾にも投資初心者の入塾が増え、おかげさまで塾生の人数も5年で10倍に急増しています。5年前までは塾生に占める投資経験者の割合が8割だったところが、今では全く投資をしたことのない初心者、始めてみたものの知識の少ない初級者が合わせて5割を超えています。

詳しくは第1章に譲りますが、２０２４年現在、投資を始めるにはまたとない**ベストなタイミング**が来ています。

その理由は、主に三つあります。

1 投資の新制度「新ＮＩＳＡ」が発足
2 デフレからインフレへの大転換
3 過去に1、2と同じ条件が揃《そろ》った１９５２年に日経平均株価は最も値を上げた

これだけの好条件が揃っているのです。それぞれの詳細は、第1章の38〜57ページをお読みください。約5〜10分で読めるようにまとめています。

なぜ、あなたは投資を始められないのか？

しかし、これだけの好条件が揃っていても、なかなか投資を始められないという

人は多くいらっしゃいます。よく「お金は命の次に大切」といいますよね。それだけに、投資を始めるのに二の足を踏む気持ちもよくわかります。

冒頭の担当編集者にもう一度登場していただきましょう。

あなたは投資を始めたい気持ちはあるのに、なぜ始められないのですか？

編集「理由は三つあります。

一つ目は、『難しそう』というイメージです。実は何冊か株式投資の入門書を読んだこともあるのですが、どうにも難しそうに感じてしまって……。

二つ目は『損をしたくない』と思っていることで、そのため二の足を踏んでしまいます。ただでさえ生活するだけでいっぱいいっぱいなのに、『もしもお金がなくなってしまったら……』と思うと不安で……。

三つ目は、恥ずかしいんですけど、つい『めんどくさい』と思ってしまうんです。毎日仕事も忙しいですし、そんなに時間を使いたくなくて。こんな僕でも投資を始められますか？」

なるほど。気持ちは理解できます。私が指導している塾生の中にも、同じ不安を抱えている人は何人もいます。

ところが、「難しそう」「損をしたくない」「めんどくさい」という三つの理由は、実はそんなに心配することはないのです。

意外とハードルが低い「投資の成功」

Q

ここで、あなたに問題を出します。

次の三つの数字を見てください。これらは、上場企業のうち株価が10倍になる銘柄の確率、ゴルフのツアープロがホールインワンを出す確率、年末ジャンボ宝くじの1等当せん確率です。それぞれ、どれに当てはまるでしょうか？

1 0・03333333％
2 0・000005％
3 2％

考えましたか？　では、答えです。

× 1　0・0333333333%↓ホールインワン

× 2　0・000005%↓年末ジャンボ宝くじ1等当せん

○ 3　**2%↓上場企業のうち株価が10倍になる銘柄**

どうでしょう。ホールインワンや宝くじ当せんに比べて、**10倍になる銘柄を見つける方がよっぽど簡単**なのです。**宝くじ当せんよりも、40万倍も簡単です。**2、3倍になる銘柄であれば、もっと簡単に見つけられます。

ちなみに、株価が10倍になる銘柄のことを**「テンバガー（ten-bagger）」**といいます。「テンバーガー」ではありません。おいしそうになっちゃいます。「バガー」は「塁打」を意味します。二塁打、三塁打の塁打ですね。1試合で10塁打を記録するくらいの勢いで、株価が急騰するイメージです。本書では「10倍株」という表記も用います。

限りなく損をしない仕組みは確立されている

また、「損をしたくない」という声も、よく耳にします。

安心してください。**株式投資では、資産がゼロになることは滅多にありません。**

当然、投資には「リスク」が付き物です。**「リスクがない」と謳《うた》うものはすべて詐欺です。**

世の中にはFXや仮想通貨など、短期間で大きなリターン（利益）を得られる投資が存在します。テレビやネットメディアでは、こうした投資で巨額の富を得た人が頻繁に取り上げられます。テレビであれば視聴率、ネットメディアであればアクセス数を稼ぐため、メディアはわかりやすく刺激的な事例を華々しく取り上げがちです。

しかし、こうした投資は大きなリターンを期待できる反面、値動きが激しく、一瞬にして資産がゼロになることも珍しくありません。

それに対して**株式投資は、リスクをかなり抑えられます。**株式投資の世界では**「分散投資」**という手法が広く知られています。これは、複数の銘柄に「分散」して投資することを指します。仮に20銘柄に分散して投資したとすると、たとえ一つの企業が倒産して株価がゼロになってしまっても、全体としては5%のマイナスにしかならないのです。

このような理屈はさておき、シンプルに考えてみましょう。
株式投資をしている場合としていない場合、両者の違いは単純明快です。

「お金の置き場所を変えているだけ」なのです。

あなたが会社勤めであれば、給料が銀行口座に振り込まれますよね。銀行口座にお金を置いていると、窓口やATMでいつでも現金を引き出すことができて便利です。しかし、現在の日本では利子がほとんどつかず、銀行口座に置いている限りお金が増えることはまずありません。

投資＝お金の置き場所を変えるだけ

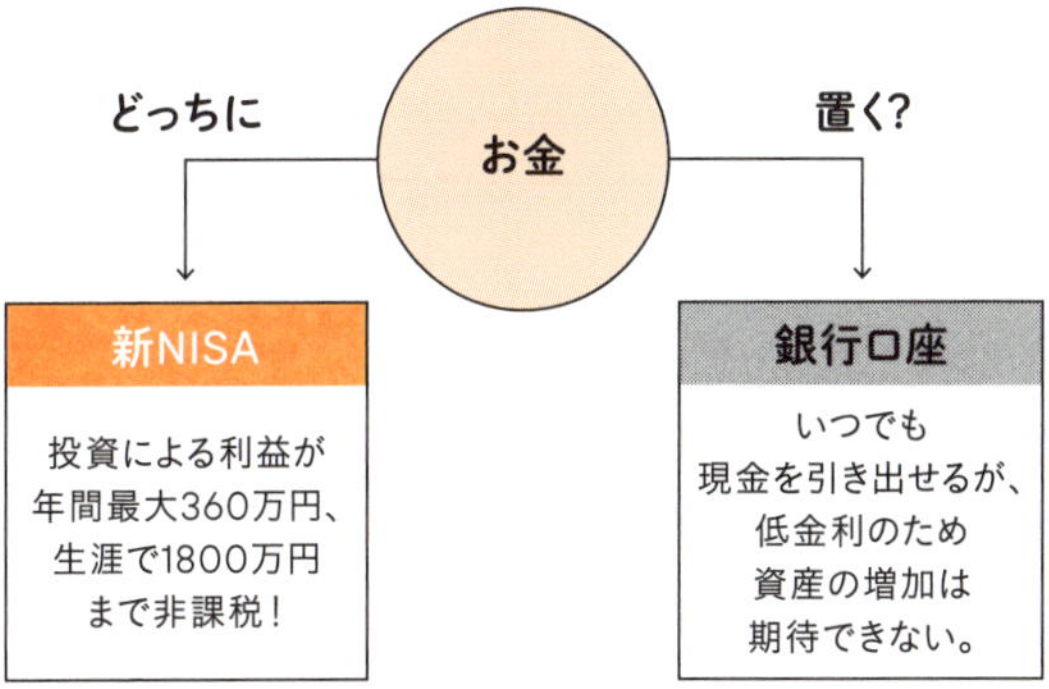

新NISAの非課税保有期間は「無期限」。長期的な視点で資産を形成できる。

それに対して、新NISAを利用して投資をしたとしましょう。

この場合、**銀行口座に置いているお金を新NISAの口座に置き換えた**と考えるのです。

すると、二つの良いことが起こります。

一つは、**買った株の値が上がれば、その分の利益が得られる**こと。

もう一つは、**利益が1800万円までであれば税金がかからない**ことです。

つまり、銀行口座に置いておくだけでは増えることのないお金に増える可能性が生まれるのです。

年4回だけチェックすればOK！

三つ目の理由は、「めんどくさい」でしたね。

人間誰しも新しいことを始めるときには、大なり小なり苦労するものです。

投資については、いろいろな情報が世の中に出回っていますから、調べているうちに「やっぱりめんどくさいから、まだ始めなくてもいいや」という気持ちになってしまうこともあるかもしれませんね。

それに、忙しく日々を過ごす現代人にとっては、情報を集め、株式市場の動向をチェックし続けることは難しいでしょう。

実は、ここも心配する必要はありません。

投資を始めるための口座開設はオンラインで数分でできますし、自分が買った株のチェックも「3か月に一度＝年4回」のペースで問題ありません。

この3か月に一度のタイミングを逃さないための方法も、本書でお伝えしていますので、ご安心ください。

投資はほんの少し視点をズラすだけ

投資は難しそう。本当にそうなのでしょうか？

案外、「投資家が考えていること」「投資家が見ている景色」は単純なものなのです。

「はじめに」の最後に、そんな投資家が見ている景色を共有しましょう。次のページの写真をご覧ください。

これは、少し前のベトナムで撮られた写真です。
この写真を見て、どう思いましたか?

「人が多い」
「みんなバイクに乗っている」
「朝の通勤ラッシュかな」

どれも一般的な感想ですが、私だったらこんなところに目をつけます。

「誰もヘルメットを被《かぶ》っていないということは、まだヘルメットを被らないといけない法律がないんだ。でも、これからヘルメット着用が義務付けられるだろう。そのときに日本のメーカーが参入したら、一気にヘルメットの販売数が増えるかもしれないぞ」

実際、日本のSHOEIというヘルメットを扱っている企業は、世界のプレミアムヘルメット市場においては約60％のシェアを占めています。主力市場はヨーロッパのようですが、アジアの発展につれ、株価が上がるかもしれません。

また、次のページの写真もご覧ください。

千葉県浦安市にある東京ディズニーランドの写真です。

この写真を見てどう思いましたか？

「さすがディズニー！　人が多い」

「こんなに混んでたら行きたくない」

「空《す》いてる日ってないのかな？」

私はこんなことを思います。

「東京ディズニーランドは度々値上げをしている。私がよく子どもを連れて行っ

ていた十数年前と比べても、数千円は上がっているはずだ。それなのにこんなに人がいるということは、東京ディズニーランドを経営しているオリエンタルランドはまだまだ株価が上がるだろう！」

実際、東京ディズニーランドはチケット価格を上げていますが、お客さんが減ることはなく、オリエンタルランドの2024年3月期連結決算は、最終利益が前期比48・9％増の1202億円で、過去最高となっています。

このように同じものを見ていても、

ほんの少し視点をズラすだけで世の中のすべてが投資の材料に見えるのです。

本書では、投資初心者が今日から身につけられる投資家の考え方をわかりやすさにこだわってお伝えします。

その意図から、私の今までの著作よりもだいぶ噛《か》み砕いた「普段使いのしゃべり方」で書いていきます。どうか、一人でも多くの人が投資の世界に足を踏み入れ、投資の楽しさを味わってくれますように。

第3章 これだけは！ 株式市場と企業の仕組み

第4章 これだけは！ 株式投資の超原則

第5章 今日からお宝銘柄を見つけられる8つの視点

ブックデザイン——三森健太（JUNGLE）
イラスト——ユア
192ページイラスト——いらすとや
図版——WADE
DTP——アルファヴィル
校正——株式会社ぷれす
26ページ画像提供——株式会社コルク
86ページ画像提供——ナブテスコ株式会社
87ページ画像提供——株式会社ニイタカ
その他写真——16・91ページ：ロイター／アフロ、19・78ページ：つのだよしお／アフロ、84ページ：藤村憲司／アフロ
編集——尾澤佑紀（サンマーク出版）

※本書の内容は特に記載のない限り２０２４年８月時点のものです。予告なく変更される場合もあります。投資は情報を確認し、ご自分の判断で行ってください。本書を利用したことによるいかなる損害などについても、著者および出版社はその責を負いません。

はじめたい。」

たへ。

渡部清二

わたなべ・せいじ

１９６７年生まれ。富山県出身。筑波大学卒業後、野村證券へ入社。２０１４年のちの複眼経済塾となる四季リサーチ株式会社を設立。人呼んで「四季報の達人」。

漫画『インベスターZ』12巻（三田紀房／講談社）にて、四季報マニアな中学生・松井くんのモデルに！

©三田紀房／コルク

「そろそろ投資を
と思っているあな
私がお供します！

＃複眼経済塾 代表取締役・塾長

「わかりやすく、楽しく、真面目に」投資の方法を教え、全国に1,217名（2024年7月1日時点）の塾生が在籍する複眼経済塾を創設。初心者の入塾も近年急増中で、初心者でも10倍株を見つけられるメソッドには業界内外から注目が集まっている。

＃108冊の『会社四季報』を完全読破！

約2,000ページの『会社四季報』を1ページ目から最終ページまで、長編小説のように読み切る「四季報読破」を継続中。毎号、発売後2週間は家にこもり、『会社四季報』をひたすら読み、分析する日々を送る。2024年10月現在、108冊を完全読破！

＃地方活性化への新提案「投資ツーリズム」

全国の産業遺産や地元企業を巡るツアーを主催。ツアー内容を充実させたい気持ちが高まり、神社検定1級、日本酒検定1級や唎酒師の資格も取得。「投資ツーリズム」は仕事を超えたライフワークに。

第1章

投資への入り口はすでに開いている

そもそも「投資」ってなんだろう?

投資をしたことがない人なんていない?

そもそも「投資」とは何か、あなたは説明できますか?　私なりの答えは33ページで紹介します。まずは、ひと言で考えてみてください。

Q.「投資」をひと言で説明してください。

投資とは、

どんな答えが思い浮かびましたか?

参考までに、教科書的な答えをお見せしましょう。

投資とは、何らかの見返りを期待して、金銭を投じる行為。

なるほど。「見返り」と「金銭」がセットになっていますね。この説明は間違えてはいないのですが、誤解が生まれやすいと思います。

なぜ、この説明では誤解が生まれてしまうのか。それは「見返り」を「儲《もう》け（お金）」と捉えて、投資を「儲けを期待して、金銭を投じる行為」だと思ってしまいやすいからです。

子育てや自分へのご褒美は何を目的にしている？

別の角度から考えてみましょう。

「何らかの見返りを期待して、金銭を投じる行為」は、日常に溢《あふ》れています。

あなたが親元にいたときのことを考えてみてください。あなたの親はあなたのために、さまざまな機会に金銭を投じてきました。衣食住のように生活に欠かせないものから、教育費や習い事の月謝まで、あらゆる出費は親や保護者が担っていたはずです。

さて、先ほどの投資の説明になぞらえて考えてみましょう。親はあなたに「儲け」を見返りとして求めて、金銭を投じていたでしょうか？　それよりも、あなたが健康でいることやあなた自身の自己実現などを願っていたのではないでしょうか？（少なくとも、私は一人の親として子どもにそう期待しています）

また、「自分へのご褒美」という言葉もありますよね。

仕事をがんばったから週末に温泉旅行に出かける。バッグや時計といった、少し高価なものを買うなど、誰でも一度は経験があるのではないでしょうか。

こうした自分へのご褒美も、見返りを期待して金銭を投じている行為、つまり投資です。この場合の見返りとは、ストレスの解消だったり、仕事のモチベーションアップだったりします。

手に職をつけるために国家試験を受ける。そのために学校に通ったり、問題集を買ったりする。資格取得や就職という見返りを求めて、金銭を投じている行動です。これらも投資ですよね。

世界は投資でできている

このように「見返りと金銭」をセットにして考えると、世の中の至るところに投資が存在していることがわかります。こうした例を踏まえて、私は投資を次のように定義しています。

投資とは、未来の自分のためにお金を使うこと。

この定義では、見返りは儲けやお金ではなく、**「未来」**です。

親が子どものためにお金を使う、自分へのご褒美を買う、国家試験を受けるための学校に学費を投じる。これらは、望む未来に近づくための方法にすぎません。

こう考えると、**私たちは日頃から投資をして暮らしている**といえるでしょう。

投資をしているのは、個人だけではありません。

国のインフラも、先人が未来の国民のためにお金を使った投資です。

例えば、日本はロシアに比べて国土の面積が45分の1しかありません。しかし、鉄道輸送量は3倍もあります。現代の日本では、電車での通勤や帰省は当たり前で、思い立てばすぐに遠方に行くことができますが、その当たり前も先人の投資の賜物《たまもの》なのです。

私の元同僚でトルコ出身のエコノミストであるエミン・ユルマズは、こうした日本の先人の投資を**「日本で生まれたのは黄金の上で生まれたのと一緒。感謝した方がいい」**と評しました。この言葉を思い出すたびに、日本は先人の投資の上に成り立っている国なのだと実感するのです。

１玉１００円のキャベツは安い？　高い？

投資を身近に感じていただくために、もう一つ例を出しましょう。

私は**「買い物上手は投資上手」**という説を提唱しています。

この場合の買い物とは、スーパーで食料品を買うような日常の買い物を想定しています。そもそも買い物は生きていくために必要な行為です。まさに、未来の生のためにお金を投じているのです。

買い物にも、「上手な買い物」と「下手な買い物」があります。

上手な買い物とは、値段や産地、鮮度などを瞬時に見極めて適切に買う行為。下手な買い物はその逆です。

買い物上手な人は、ものの価値を見極める力を持っているのです。

例えば、ある日のスーパーでキャベツ1玉の値段が100円だったとします。その値段を見たときに、「今日のキャベツは高いのか安いのか」を買い物上手な人は瞬時に判断できます。

店舗の規模にもよりますが、スーパーには数千〜数万点の商品が陳列されており、それらは毎日値段が変動します。

この状況は、株式市場で各銘柄(=商品)の株価を見ているのと似ています。毎日株価の動きを見ている投資家のように、商品の値段を見て価値を判断しているわけです。

また、買い物前にチラシを見て予習をするのも、株式投資と同じです。チラシを見て商品を選び、その値段の感覚を摑《つか》むことは、銘柄を選んで投資する行為に似ています。『会社四季報』(以下、四季報)に掲載されている上場企業は3926社(2024年4集秋号)ですが、それよりも多い商品を買い物上手の人は日常的に見ているのです。

つまり、**日常の買い物の経験が、投資のセンスを磨くことにつながっている**のです。毎日のように商品を見て価値を判断することは、株式投資においても非常に重要なスキルです。株価の変動を見極め、価値のある銘柄を選ぶ力を養うためには、日常の中で価値を見極める経験が役立つのです。

投資を特別なものだと恐れる必要はありません。

誰もが投資を経験して生きています。むしろ、**投資と無縁でいられる人など、一人としていない**のです。

2024年は
資産倍増元年！
国が本気を出してきた

今が投資開始のベストタイミングである理由

本書が刊行される2024年現在、まさにこの国で起きていることといえば、**株式投資熱の高まり**です。

これは、自然発生的なことではありません。**政府主導の国策**なのです。そういった意味でも、「そろそろ投資を始めたい」と考え、本書を手に取ったあなたは、ベストなタイミングにいるのです。

ここで、「はじめに」で触れた2024年現在、投資を始めるべき三つの理由を詳しくご説明しましょう。

1　投資の新制度「新NISA」が発足
2　デフレからインフレへの大転換
3　過去に1、2と同じ条件が揃った1952年に日経平均株価は最も値を上げた

1　投資の新制度「新NISA」が発足

日本政府は２０２４年を**「資産所得倍増プラン元年」**と打ち出しています。

ＮＩＳＡ口座を２０２２年６月末時点の１７００万口座から３４００万口座に、買付金額を28兆円から56兆円へと5年間で倍増させる目標を掲げています（２０２３年12月末時点で２１３６万口座と、２０２２年12月末から1年で19％増えました）。

ＮＩＳＡとは、「少額投資非課税制度」の通称で、個人が一定額までの投資収益を非課税で運用できる制度です。新ＮＩＳＡは、２０２４年から始まった新しい制度で、非課税投資枠の拡大や複数の非課税期間の統合がなされ、投資の自由度が高ま

る特徴があります（新NISAの特徴は巻末付録にもまとめています）。

なぜ、政府はこれほどまでに大きな目標を掲げているのでしょうか？　その理由は二つあります。

1 民間の資金を投資に回したい
2 企業が給料を上げることが難しいため、国民に投資で所得を増やしてほしい

つまり、**個人の資産を増やすことが目的**なのです。

多くの日本人は、「高齢者となり、亡くなるときに一番お金を持っている」といわれています。みんな「老後が不安」「何かあったときのため」と考えて、ひたすらにお金を貯《た》めているのです。

この国の個人の金融資産は約2200兆円。その50・9％は預金、つまり現金です。国の予算は112兆5717億円（2024年度）ですから、個人の預金がどれ

個人保有の金融資産

金融資産計（兆円）	2,199	100%
現金・預金	1,118	50.9%
保険・年金・定型保証	541	24.6%
株式	313	14.2%
投資信託	119	5.4%
その他	108	4.9%

2024年1〜3月期の日本銀行「資金循環統計」より作成。個人の金融資産は2,199兆円と過去最高を更新。
（出所）複眼経済塾

だけ動いていないか、想像するだけで恐ろしくなりますね。

経済学では、「お金は経済の血液」であるとたとえられます。人間の体において、血液の流れが止まってしまったり、巡りが悪くなったりすると健康を害するだけでなく、命の危険にもつながります。お金も血液と同じで、隅々まで回っている方がいいのです。

「お金の巡りがいい社会」を考えてみましょう。

Aさんが Bさんのお店で1万円を支払ったとします。お金が巡りやすい社会ですから、Bさんもお金をスムーズに使います。すぐに

Cさんのお店でお金を使うでしょう。

この流れが非常にスムーズなため、何度か流れるうちに1万円は再びAさんのもとに戻ってきて、Aさんはまた1万円を使うことができます。こうして二重、三重にお金が回ってくる可能性があるのです。

しかし、お金の流れがゆっくりになってしまうと、Aさんの1万円はいつまで経《た》ってもAさんの手元に収入として戻ってきません。やがて、社会全体がお金を使うことに消極的になり、経済が冷え切ってしまうのです。

現実にはどうなっているでしょうか。残念ながら、今の社会はお金が十分に回っているとはいえません。

「日経平均株価がバブル期以来の高値を更新!」。こうしたニュースを見たときに、「どうして世の中はまだ景気が良くないのに、株価だけ高いのだろう?」と疑問に思ったことはありませんか?

もしくは、「給料はあまり上がらないのに、ものの値段だけ上がっていって苦しい」と感じたことはありませんか?

実は、この二つの疑問に対する答えは同じです。

その答えとは、**「日本ではお金が十分に回っていないから」**です。

現在の日経平均株価の上がり方と、多くの国民の生活実感の乖離《かいり》は日経平均株価を買う人とそうでない人との隔たりに原因があります。

つまり、**日経平均株価を買うような人たちは積極的にお金を使っていて、そうでない人たちはお金を使うのを躊躇《ためら》っている**のです。


私は大衆居酒屋やB級グルメの店が好きで、そうしたお店によく飲みに行っています。ところが、仕事柄いわゆる高級店での会食に呼んでいただくこともあります。そうしたお店では、一人10万円もするようなコース料理を何人分もまとめて支払ってくれる人がいるのです。しかも、そうしたお店はいわゆる予約困難店。半年先まで予約で埋まっていることも珍しくありません。

実質賃金指数と前年比変化率（現金給与、5人以上、産業計）

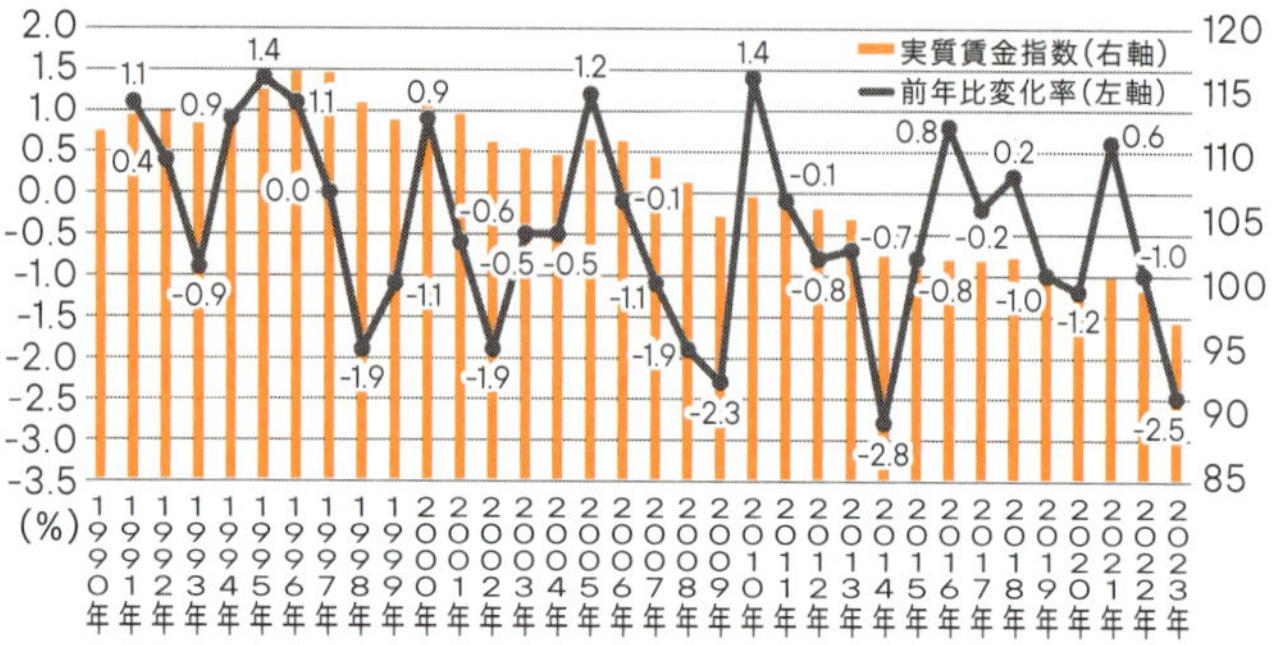

1998年にデフレに突入、実質賃金は一貫して下落。
つまりこの間、「人的投資はなかった」といえる。

（出所）複眼経済塾

一方で、私が好きな大衆居酒屋やB級グルメのお店は人がまばらです（最近はインバウンドの観光客も多いですが）。

しかも、そうしたお店で働く従業員の実質賃金は、2年連続でマイナスを記録しています。物価の上昇に賃金の上昇が負けているため、実質的に手取りは減っているのです。これが、この国で起きている現実です。

さらに、個人の金融資産には偏りがあります。60代以上が持つ金融資産は全体の60％ほどを占めているのです。ところが生活で使う金額は決まっていますし、高齢者は若い世代と違って、子育てや住宅購入など、積極的にお金を使う機会が少なくなります。

ここまで固まってしまったお金は、そう簡単には動きません。そこで政府が使うのが、**「税制」**です。税金の力で本来動かなかったお金を動くようにするのです。

ＮＩＳＡという非課税枠の「箱」はこうして生まれました。

２２００兆円の金融資産が動かなくなってしまっています。**これが１％活用されれば20兆円、３％で60兆円、５％で１００兆円動くことになります。**そうしたお金が動き、企業に入ることによって企業の業績が上がり、そこで働く従業員の給料も上がれば、またお金を使う好循環に入れます。

こうして、日本が長い不況から抜け出す希望が見え始めてきているのです。国はお金を動かしやすい「箱」を作ってくれました。これが、一つ目の投資の始めどきの理由なのです。

2　デフレからインフレへの大転換

日本では長年デフレ（物価の下落）が続いていましたが、最近はインフレ（物価の上

インフレとデフレの比較

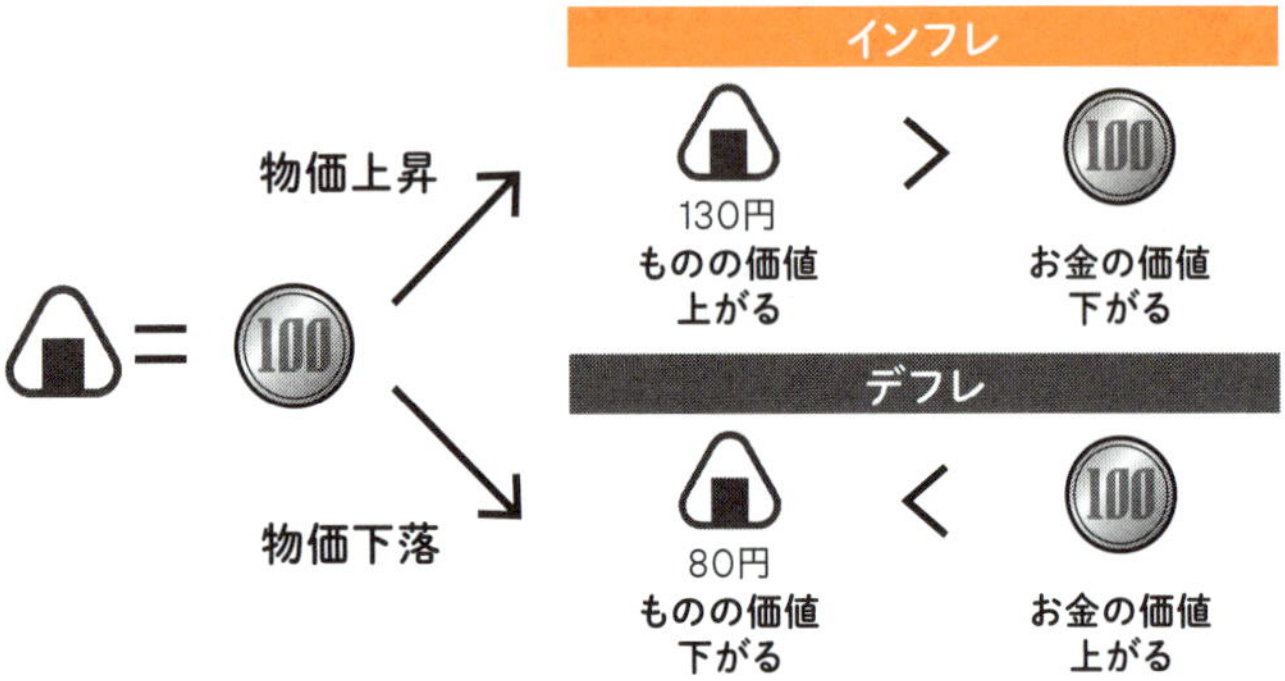

インフレになると、ものの値段が上がり、デフレになると下がる。

昇）に転じています。これにより、企業の生産コスト（＝費用）や賃金が上がり、消費者物価も上昇しているため、経済全体に価格上昇の波が広がっています。

本書の冒頭にも担当編集者からの声として、「ものの値段ばかり上がる」とありました。例えば、最近まで１００円前後で買えたコンビニのおにぎりは１３０円前後に値上がりしています。２０２４年５月には、いくつかのメーカーがオリーブオイルの値段を50％以上も上げました。

この物価高は、先ほど説明したデフレの逆である「インフレ」によって引き起こされています。

それでは、インフレはどうして起こるのでしょうか？　インフレが起こる原因は二つあります。

1　供給サイド（売り手）が絞られたとき
2　需要サイド（買い手）が強すぎるとき

1　供給サイド（売り手）が絞られたとき

自由な市場では、ものの値段は供給（売り手）が多いか、需要（買い手）が多いかで決まります。

供給サイドが絞られたときは、戦後のインフレを思い浮かべると理解しやすいでしょう。第二次世界大戦では国内のさまざまな生産設備が壊されてしまいました。そこに、中国大陸など外地に行っていた兵士たちが帰国します。人はいて、食べ物をはじめとする物資に対する需要はあるのに、生産設備がないために供給が絞られてしまったのです。この「需要と供給の不一致」がインフレにつながりました。

2 需要サイド（買い手）が強すぎるとき

需要サイドが強すぎて起こるインフレは、「バブル」を想像してください。

かつて不動産価格が鰻上《うなぎのぼ》りに高くなっていった頃、日本では経済が好調で、多くの人々が投資や投機を目的に不動産を買い求めました。その頃は、少しくらい高くても買う人が多く、土地や建物の価格は急上昇していたのです。しかし、この急激な価格上昇は長くは続きませんでした。やがてバブルは弾《はじ》け、土地や建物の価格は急落。多くの人々や企業が巨額の損失を被りました。

さて、現在日本で起きているインフレはどちらでしょうか？

現在の日本のインフレは、戦後のインフレに似ています。

「かんばん方式」をご存じでしょうか？　トヨタ自動車（以下トヨタ）が開発した

「必要なものを、必要なときに、必要なだけ作る」ことを目的とした生産管理方法です。それまでの常識だった大量の在庫をストックしておく生産方式と比べて、費用や工場面積を縮小した形で運用できる利点があります。

最近では、トヨタのかんばん方式のように在庫を持たず、生産設備を縮小している企業が多くなっています。ところが、コロナ禍が一段落し、円安傾向も追い風となり、日本には大勢の外国人観光客が訪れています。**需要は増えていますが、供給が追いついていないのです。**これは、ホテルをはじめとした宿泊業を想像すればわかりやすいでしょう。

さらに、51ページから後述しますが、賃金は今後上がっていくことが予想されます。賃金が上がれば夕食のおかずが増えたり、今までは買い渋っていたものを買ったりすることも起こるでしょう。するとまた、供給が増えるのです。

このように、インフレ→賃上げ→インフレ→賃上げ→……というスパイラルに入ることが予想されています。

節約も悪いことなの？

ここで一つの疑問が浮かんできます。

節約してコツコツと貯金をするのは小さな頃から「良いこと」として教えられてきたのに、それもダメなのでしょうか？

一人一人が節約したり貯金したりすること自体は、全く悪いことではありません。ポイントは、**社会全体で見ると悪いことにつながりかねない**という点なのです。

「合成の誤謬《ごびゅう》」という言葉をご存じでしょうか？

個人や個々の企業がミクロの視点で合理的な行動をとった結果、社会全体では意図しない事態が生じることをいいます。

つまり、一人一人が良かれと思って貯金をし、1円でも安いものを探して買い続けた結果、日本は「デフレ」になったのです。

多くの会社員の給料が上がらないのも、このデフレに問題があります。デフレはものの値段が下がり続ける状態。つまり、企業の立場から見ると、その年と同じ量の商品が翌年も売れたとしても、デフレのために商品の値段が下がっていると売上高が減少します。そこで、将来に備えるために**「内部留保」**を貯めるのです。これは、個人の金融資産が増えていく構図と似ていますね。

２０２４年現在、上場企業の内部留保は約５００兆円あります。現金だけでも３００兆円といわれており、これだけの金額を貯め込んでいるのです。

給料が上がる兆しが来ている

「そんなに貯め込んでいるなら、それを賃金として出してくれればいいのに」、そんな声も聞こえてきます。全くもって、その通りです。鈴木俊一財務大臣も２０２３年12月の記者会見で、「過度に保留するのではなく、成長のために賃上げや人への投資、設備投資などの形でしっかり活用していくことが重要だ」と述べています。

実はこの**「人への投資」**はすでに始まっています。

一般的に、会社員の賃金が上がるのには2種類あります。

一つが、定期昇給。

もう一つがベースアップ（通称ベア）です。

定期昇給はその名の通り、企業が定めたタイミングで定期的に賃金を引き上げる制度のこと。例えば、勤続年数が1年増えるごとに基本給が1万円上がるといった具合です。それに対してベアは、全体の水準を上げることを指します。

左のグラフをご覧ください。こちらは大手企業のベア・ベースダウン実施率です。デフレ真っ只中《ただなか》の2002年には5・7％の企業しか実施していなかったベアですが、**2023年には40％以上の企業が実施しています。**2021年からの上がり方を見てみると、2024年以降も期待できるでしょう。

ベースアップ・ベースダウンを行った企業の割合

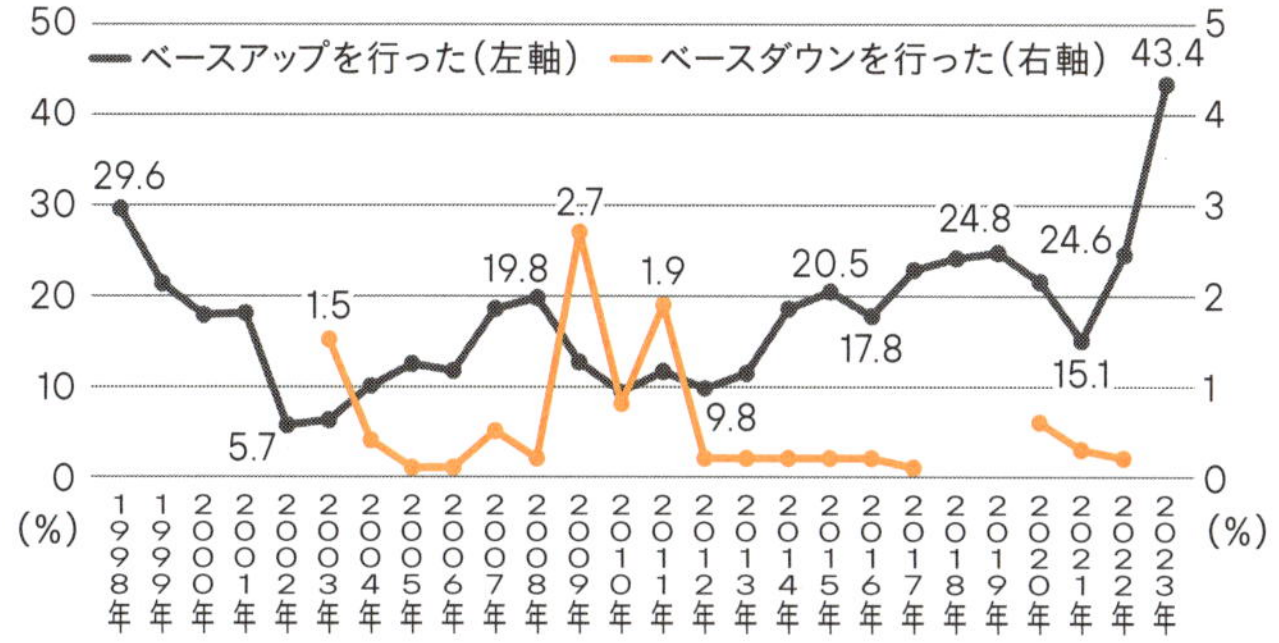

ベア実施率は2023年にデフレ突入以降、過去最高に。

厚労省「賃金引上げ等の実態に関する調査」より作成

実はベアの反対であるベースダウンというものも、つい2年ほど前まで実施されていました。そこからもわかるように、いよいよ大転換が起きつつあるのです。

また、次のページのグラフは人件費と日経平均株価の変動を重ねたものです。

人件費は１９６０年代から比べると50倍に上がっている一方、日経平均株価は45倍になっています。

さらに、人件費は約20年、約２００兆円で止まっています。人件費の上昇が止まってから日経平均株価は下がり、その後は１９８９年の高値を抜くことはありませんでした。しかし、**２０２４年以降、人件費がついに**

人件費の推移(左軸)と日経平均株価年足チャート(右軸)

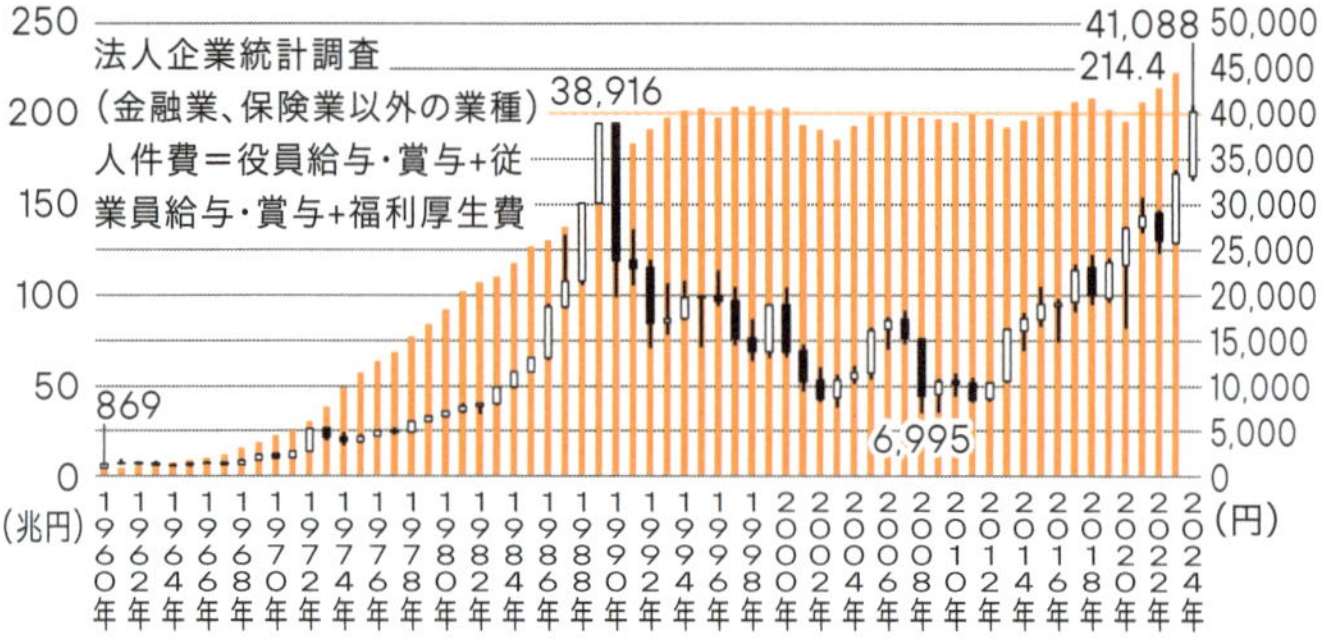

約20年続いた人件費200兆円の壁を突破すると株価も史上最高値を突破した。

(出所)複眼経済塾

200兆円を突破しようとしていることから、日経平均株価も連動してさらに上がるのではないかと私は考えています。

給料は上がり、株価も上がる、好循環に向かっていく入り口に私たちは立っているのです。

3　過去に１、２と同じ条件が揃った１９５２年に日経平均株価は最も値を上げた

　ここまで、転換点となる二つのポイントをお伝えしてきました。投資の新制度の発足、デフレからインフレへの大転換。これらのポイントが揃ったタイミングが、過去に一度あります。

　日経平均株価が戦後一番上がった年は、１９５２年。この年は1年間で約２・２倍になりました。これだけ急激な変化があったのですから、その前に何が起きていたのかを知ることで見えてくるものがあります。

　戦後初のデフレは、１９５０年のドッジデフレ。ところが同じ年の6月に朝鮮戦争が勃発すると**日本はデフレからインフレへと転換しました。**

　その翌年、**１９５１年には投資信託制度が発足します。**当時、戦後の財閥解体で

1949年5月から1953年4月の日経平均株価チャート

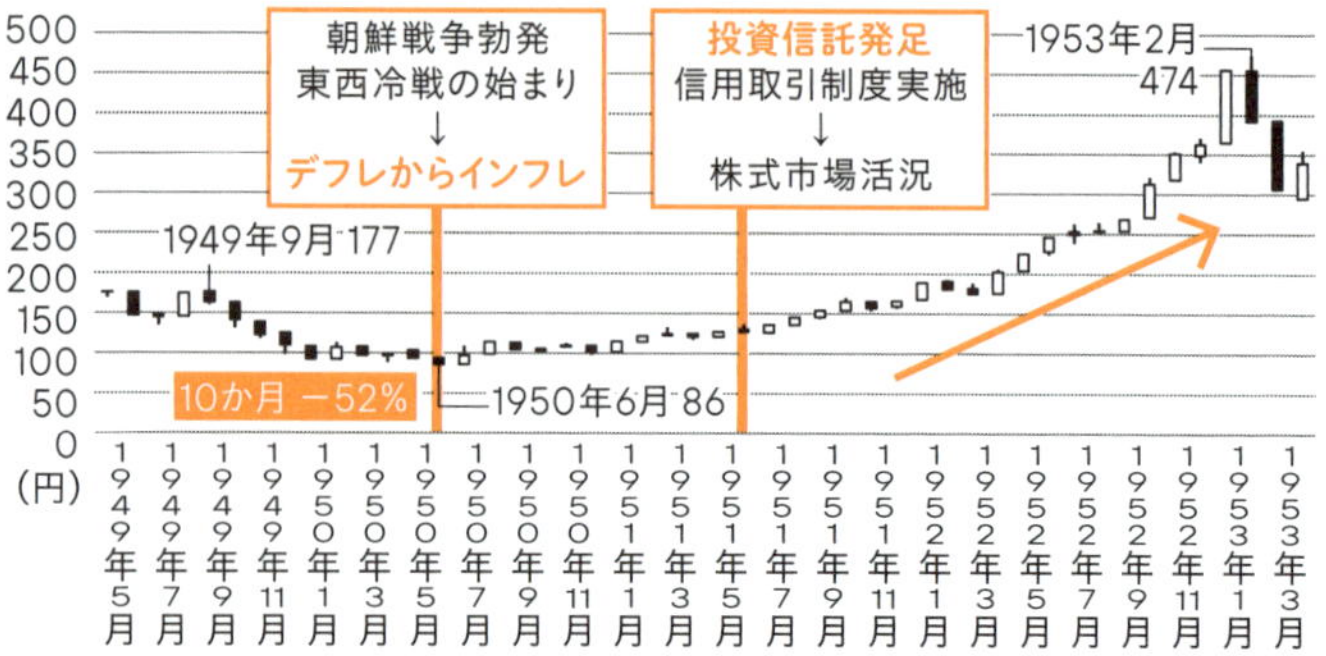

デフレからインフレ、新制度発足以降に日経平均株価が急上昇した。

（出所）複眼経済塾

大量の株が放出されました。大量の株を国民が買う仕組みとして、投資信託は発足したのです。目的こそ違いますが、「国が国民の投資を促している」という点では、新NISAと共通しています。

この二つが揃った結果、日経平均株価は1950年6月に戦後最安値をつけたあと、株式市場は活況となり、1953年2月の高値まで2年8か月で5・5倍になったのです。

2024年と1952年はこれだけ似ているのですが、もう一つ重要な共通点があります。

２０２４年、１９５２年は共に「辰年《たつどし》」ということです。株式市場には、長年の経験や知恵に基づいて伝えられてきた「相場格言」というものがあります。相場格言にも、辰年と巳年《みどし》は高値をつけるという意味の**「辰巳天井」**という言葉が残されているのです。

個別株には
圧倒的な爆発力がある

28万倍になったトヨタ

書店の「投資コーナー」を見たことはありますか？株式投資やFX、仮想通貨、不動産投資など、そこにはさまざまな種類の「投資本」が並んでいます。

本書で扱うのは、「株式投資」です。それも**「個別株投資」**です。

個別株投資には、圧倒的な魅力があります。それは**「爆発力」**です。

みなさんもニュースなどで一度は聞いたことがあるであろう日経平均株価。第二次世界大戦後に東京証券取引所が再開された翌年、1950年6月に月足終値で最安値をつけますが、そこから2024年7月高値までで500倍弱も上昇しました。

ところが、同じ期間でもこの数字を大きく上回り、**「28万倍」にまで成長した企業があります。**それは、**トヨタ**です。

1950年6月のトヨタの最安値は、23円50銭でした。1000株買うと、2万3500円。物価を四季報の販売価格で考えると、当時の価格は150円で現在は2600円（税込み）と約17倍になっていますので、当時の2万3500円は、今の価値で40万円くらいでしょうか。

仮に、1950年に買った1000株を2024年まで持ち続けていたとすると、株式分割（1株をいくつかに分割し、発行済みの株式数を増やすこと）による株式数の増加も含めて、**その価値は約「28万倍」に増加して、当時の2万3500円は実に60億円以上になっているのです。**

株式分割を考慮して株価を修正したものを「修正株価」といいますが、トヨタの修正株価は1950〜1960年の10年間で1000倍になりました。その後、

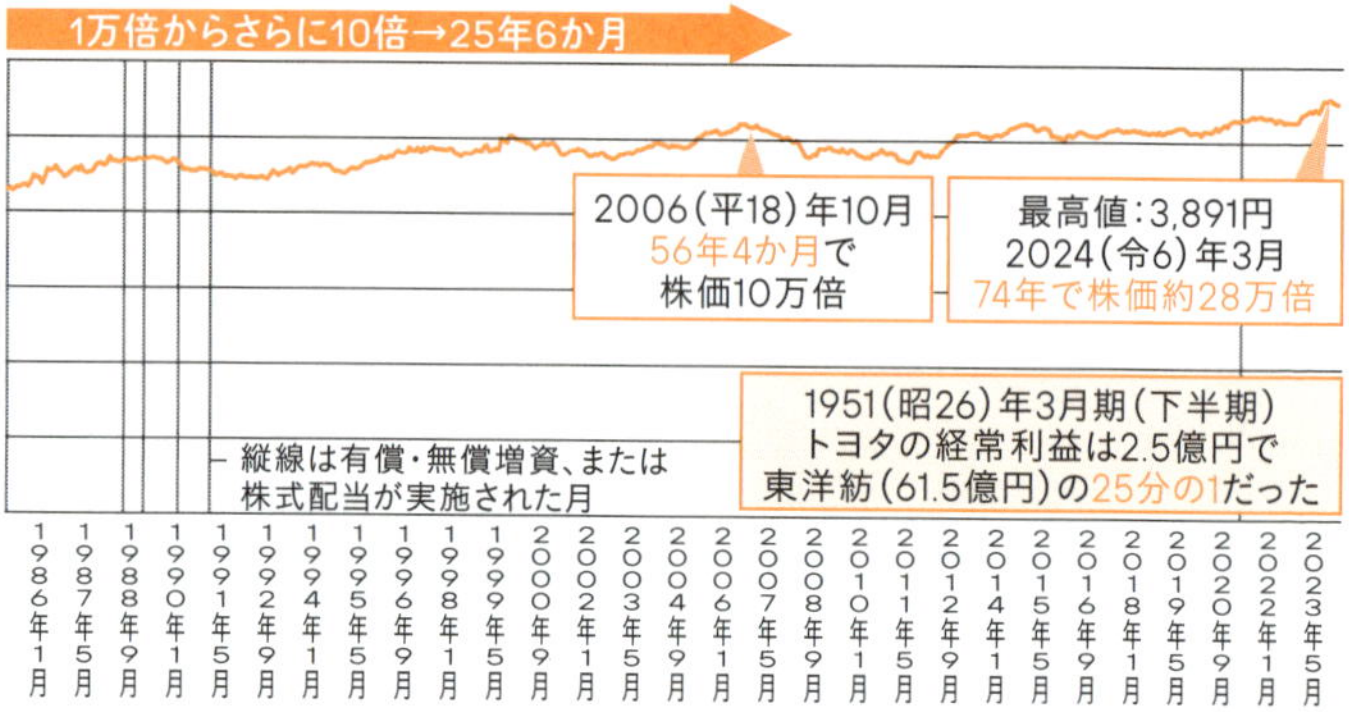

季報全75年DVD』を参考にした。 トヨタ自動車、『会社四季報』を参考に複眼経済塾作成　（出所）複眼経済塾

1000倍から1万倍と10倍になるのに約20年、1万倍から10万倍と10倍になるのに約25年を要しました。

今でこそ、世界にその名を知られているトヨタですが、株価の変遷を見ると最初の10年間で爆発的に伸びていたことが読み取れます。

この事実からわかること。それは、**トヨタもかつては「誰も注目しない中小型株」だった**ということです。

ソニーや本田技研工業（ホンダ）、松下電器産業（現パナソニックホールディングス）の株価も安値から高値まで普通に2万〜3万倍になっていますが、トヨタ同様にかつては中小型株であったのです。

トヨタの戦後の修正株価チャート(1950～2024年)

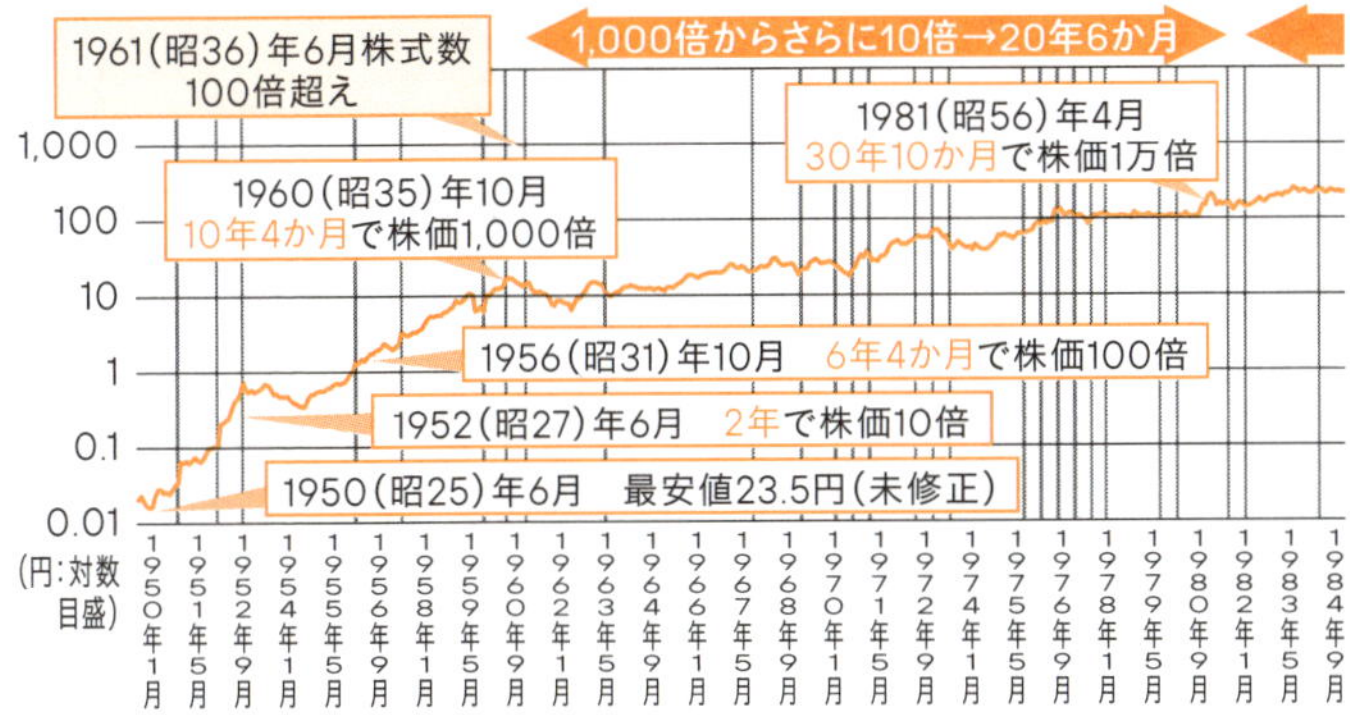

※有償・無償増資、株式配当、株式分割はすべて修正している。　※株価および資本移動のデータは『会社四

この話をすると、「それは戦後間もなかったり、日本が急成長していたりした昭和の時代の話じゃないの？　現代だとそんな企業は生まれないでしょう」といった諦めの言葉も聞こえてきます。

そう思ってしまう気持ちはわかりますが、実はそんなこともないのです。

1994～1996年に上場したソフトバンクグループやファーストリテイリング、ヤフー（現LINEヤフー）などの誰もが知る有名企業はいずれも、安値から高値までは100～500倍弱になっています。

ちなみにこれらの企業が躍進したのは、日

経平均株価が1989年の史上最高値をつけたあと、約20年かけて8割下がるバブル崩壊の時期でした。このときに個別株投資ではなく、株価指数と連動する「インデックス投資」をしていたら、最大で8割下がっていたのです。

また、**TOPIXなどの株価指数を上回るパフォーマンスを目指す「アクティブ投資」といわれる投資信託では、「8割がTOPIXに負けている」**という事実もあり、「年間1%でも勝ったら優秀」ともいわれています。とすると、やや乱暴な表現にはなりますが、投資信託を買うより、目を閉じて適当に四季報をめくって、銘柄を選んだ方が、よほど勝つ確率は高いのではないかと思ってしまいます。

国内旅行1回分のお金があれば、投資は始められる！

最悪なくなってもいいお金から始める

投資を始めたいという人の中には、「そもそも投資を始めるためのお金がない」「もっと給料が上がってから始めたい」とおっしゃる方もいます。

私はそうした声を聞くたびに、「それほど深刻に考える必要はないのに……」と感じています。

もちろん、「お金がないなら生活費を投資にあてればいい」といった乱暴なことは決して言いません。必要最低限の資金を差し引いてもなお余る資金＝余裕資金は、手元に残しておくべきです。

では、いくらあれば投資を始められるのか。

私は最初の基準として、**「なくなってもいい資金で投資をする」**ことを推奨しています。

このなくなってもいい資金の規模感は人によって違いますが、一つの基準として10万円前後、わかりやすい覚え方としては「国内旅行1回分」で考えてみましょう。

旅行を計画していて、予期せぬ理由で当日行けなくなってしまった。その際に、飛行機代や宿泊費など100％自己負担になってしまった。そうした状況のときに、許容できる範囲の金額を基準にするのです。

これは、旅行に限った話ではありません。

例えば、近年脱毛サロンの倒産がニュースになり、30万円ほど前払いしていたけれども、返ってこなくなってしまったケースがありました。こうした話でなくても、家電が壊れ、保証に入っていなかったので買い直したり、駐車しようとしたらぶつけてしまった自動車を修理したりするなど、さまざまな予期せぬ出費があります。

先述の通り、株式投資で資金がゼロになってしまうことは滅多にありませんが、「最悪ゼロになってもいい」規模からであれば、案外スムーズに始められるのです。

10倍株は誰でも見つけられる！

1年で2、3倍は当たり前

　株式投資において、私が行きついた法則は「**株式市場は森羅万象を含む。ただし、勉強したものに微笑む**」というものです。つまり、株に関心を持って勉強はしなければいけません。

　とはいえ、**投資の世界にも、ギャンブルの世界でよくいわれる「ビギナーズラック」があるのも事実です。**
　私が塾長を務める投資・経済スクール「複眼経済塾」でも、完全な投資初心者が1年ほどで2、3倍になる銘柄を見つけることもよくあり、10倍株を見つける猛者もいます。

かくいう私も、10倍株の魅力に取りつかれたのはビギナーズラックからでした。今から遡ることおよそ四半世紀前の１９９８年。私は当時勤めていた野村證券の先輩からの厳しい指導で、四季報を長編小説のように１ページ目から最終ページまで約２０００ページすべて読む「四季報読破」に邁進《まいしん》していました。

「四季報読破」を始めて１年経った読破４冊目、１９９８年４集秋号を読んでいたときのことです。私の目に一つの銘柄が飛び込んできました。当時の私は、その銘柄を証券セールスとしてお客様に勧めました。

それはシートゥーネットワークという銘柄で、加工食品のディスカウントストア「つるかめランド」を、関東地方を中心に展開する企業の株でした。今では小売店の創意工夫による「安売り」は当たり前になりましたが、当時はまだ珍しく、つるかめランドでは加工食品をどこよりも安く販売していたのです。

このシートゥーネットワークこそが、私が初めて見つけた10倍株銘柄でした。

さて、安売りが常識ではなかった時代になぜシートゥーネットワークはつるかめランドで安売りを実現できたのでしょうか。それには理由がありました。

その理由とは、ナショナルブランドのトップブランドではなく、当時は一般的ではなかったセカンドブランドを取り揃えていたことでした。例えば、マヨネーズ一つとっても「キユーピー」ではなく、値段は安くても味は確かな「ケンコーマヨネーズ」を扱うというものです。

当時の社長は「みなさまはケンコーマヨネーズの名は知らないかもしれませんが、おいしいと思いますよ。なぜなら、みなさまが好きなマクドナルドでも使われているからです」と話していました。

このからくりの面白さ、そして当時始まりかけていたデフレの影響を考え、「この企業は伸びる」と判断し、お客様に買ってもらったのです。

10倍株は「転換点」に気づけるかどうか

それでは、そんな10倍株にはどうしたら気づけるのでしょうか。

当然知識は必要ですが、それだけでは頭でっかちになってしまい、気づけないこともたくさんあります。

株式投資には知識だけでなく「直感」や「感性」も大切なのです。 直感というと才能めいたものを感じるかもしれませんが、そうではありません。

前述のシートゥーネットワークも「①デフレが来る」「②安売りの時代が来るかもしれない」「③社長の工夫が面白い」、この3点に気づけたからこそ、見つけられたのです。

複眼経済塾では、「アッアッ銘柄コンテスト」という、塾生が最新の四季報で最も注目した銘柄を選ぶコンテストを四季報発売ごとに開催しています。驚くべきことに、このコンテストで集まった銘柄には1年で3〜5倍ほどに株価が上昇するものが毎回必ず含まれています。しかも、投資初心者が選んだ銘柄が最も高騰することも珍しくありません。

このコンテストは、私が野村證券機関投資家営業部在籍時に主宰していた勉強会が元になっていて、当時、国内および海外拠点に配属されたセールスやアナリストを電話会議システムでつなぎ、投資アイデアを出し合うというものでした。まだ世の中の9割の人がガラケーを使っていた時代のことです。

その中で当時、スイスのセールス担当者が「ガンホー・オンライン・エンターテイメント（以下ガンホー）」を注目の銘柄としてピックアップしました。ガンホーといえば、大ヒットゲームアプリ「パズドラ（パズル&ドラゴンズ）」で知られるオンラインゲームの運営を行う企業です。この担当者は自身の海外経験から、「これからはスマホの時代がやってくる。スマホ時代には、みんながスマホでゲームをやることが当たり前になるだろう」と予測し、ガンホーを推していたのです。

ガラケーが当たり前の時代に日本国内だけを見ていた私には、全くその視点はありませんでした。結果はみなさんもご存じの通り、誰もがスマホでゲームをする時代がすぐに訪れ、ガンホーの株価も驚異的に上がったのです。

デフレもスマホゲームも、日々目の前で起こっていることを見逃さず、ちょっと

気にかけるだけで気づけたことです。

では、そんな「気づき」をどうやって得ればいいのか。私自身、よく聞かれることですので、本書で初めてそんな「法則」を第2章にまとめました。ぜひ楽しみにしていてください。

デフレ脳からの脱却！

さて、第2章に入る前に大事な原則をお伝えします。それは**「デフレ脳」は投資において最大の敵である**ということです。

デフレ脳とは、私の造語です。デフレの局面で常識だった「1円でも安いものを探す」という思考のことを指します。デフレ脳で考えることは、投資においては絶対NG。理由は、「投資で利益を得る方法」を理解すればわかります。

その方法とは、大きく二つ。

1 買って株価が上がって、売って利益を得る
2 売って株価が下がって、買い戻して利益を得る(空売り)

本書では、「1買って株価が上がって、売って利益を得る」に特化します。
株には株価という値段がついています。株を買うときに、日常の買い物のように安いものを探すこと自体は悪いことではありません。問題は、「安いから」という理由だけで買うことなのです。それは株式投資で必要な「買ったあと株価が上がる」という発想がないからです。

デフレが当たり前になった今の世の中では、人々は安いものを探す「デフレ脳」に慣れてしまっています。デフレ脳の人は安いものを探すのは得意なので、安い銘柄を探すのも得意かもしれません。しかし、肝心のその後、株価が上がるという理由が見つけられないので、いつまで経っても株価が上がらない、いわゆる「万年割安株」が良いものだと思ってしまうのです。

この発想で株式投資に挑むと、安い株を買ったはよいけれども、将来も安いままの株になってしまうので、いつまで経っても儲けられません。

断言します。**安いものばかり目指す人は株式投資には向いていません。**

そうした意味では、昨今のデフレからインフレへの転換は、これから投資を始めようと思っている人にとっては精神面でも大きくプラスに働きます。

ちなみに、2の空売りは本書のコンセプトである「投資初心者が投資を始められるようになる」ためには直接必要のない考え方なので割愛します。

さて、私は机上の勉強も好きですが、実践こそが本当の力になると思っています。次章で「デフレ脳」から脱却し、「投資脳」へと切り替えるためのエクササイズをしてみましょう。難しい数字や経営上の考え方などはなるべく省いています。簡単なクイズを解くつもりで挑戦してみてください。

第2章

投資脳へと切り替える7つの視点

①値段を上げているにもかかわらず、人が集まっている

企業の売上高は意外とシンプルに成り立っている

一番シンプルな方法をお伝えします。まずは、身の回りで人が集まっているところ、たくさんの人が買っているものを探してください。ただし、たくさん人が集まっていればなんでもいいのかといえば、そうではありません。

前章で物価が上がるインフレについて説明しました。人件費や原材料費、光熱費など、さまざまな値段が上がっている昨今、値上げに関するニュースは頻繁に耳にするようになりましたよね。この「値上げ」に着目して、**値上げをしているのに人が集まっているところに注目するのです。**

本章では、デフレ脳から投資脳へと切り替える考え方を頭にインストールしていただきます。そのために、まずは「売上高」というものの基本を押さえる必要があります。売上高とは、シンプルな計算式で成り立っています。

売上高＝数量×単価

例えば、一つ１００円のハンバーガーが３００個売れたとします。すると、数量３００×単価１００ですから、売上高は３万円です。シンプルですね。

ここで、原材料費の高騰により、ハンバーガーの価格を１５０円に値上げしました。値上げにより、客足が遠のき、販売数量が１００個に減ったとすると、数量１００×単価１５０で売上高は１万５０００円。元々の売上高よりも半減してしまいました。

しかし、世の中には値上げしても根強い人気のためにかえって人が集まるようになるものが存在します。

そのうちの一つに東京ディズニーランドがあります。東京ディズニーランドは2023年10月に大人の1日券（1デーパスポート）の料金を、最高で1万9900円に値上げしました。1983年のオープン時は3900円でしたから、40年で2・8倍にも値上がりしています。

しかし、**度重なる値上げにもかかわらず、コロナ禍を除けば東京ディズニーランドの入園者数は右肩上がりで増えてきています。**ここがポイントです。

単純に数量（入園者数）が増えるだけであれば、売上高の伸び方は直線的になりますが、単価（1日券）も上がっているため、売上高は二次曲線的に増すことになります。これだけの売上高増が見込めるとなると、企業としての今後の成長も期待でき、株価は上がっていくのです。

ちなみに、東京ディズニーランドを運営しているオリエンタルランドの売上高はチケット料金だけではありません。ホテルや商業施設を含めた東京ディズニーリゾートやモノレールなども手がけています。

２０２４年6月には、東京ディズニーシーでディズニー映画『アナと雪の女王』『塔の上のラプンツェル』『ピーター・パン』をテーマにした新エリアが開業。その効果もあり、客足はさらに増え、ホテルや商業施設の売上高まで伸びています。

２０２４年3集夏号の四季報でも【連続最高益】という見出しが踊っていて、四季報コメントには「客足急増」「客単価も上昇」と書かれています。

値上げこそ、チャンスだ

また、この構造は身近なところだとマクドナルドやケンタッキーフライドチキンといったファストフードでも同じことがいえます。どちらも値上げはしていますが、人が集まっていることで売上高が伸びているのです。

例えば、マクドナルド（日本マクドナルドホールディングス）の値上げについてはビッグマックを例に見てみましょう。2020年には390円でしたが、数度の値上げを経て、2024年1月には480円（都心店では530円）まで上がっています。4年で23％（都心店では36％）もの値上がりです。

しかし、四季報のコメントからは好調ぶりがうかがえます。少し引用してみましょう。「【快走】店舗数は横ばい（前期純増15）。再三の値上げで客単価が上昇。定期的な限定商品の投入や販促強化で客数も増え、既存店は順調。賃上げによる人件費や

改装費の増加をこなす。最高純益更新」（２０２４年３集夏号より）

ちなみに、値段を上げているにもかかわらず、人が集まっている例は上場企業だけではありません。第１章でも触れた会食に使われるような高級店も、値段が高いにもかかわらず客足は遠のくことがありません。

値上げのニュースは誰もが頻繁に目にしているはずです。ご自身の生活を考えて、ネガティブな気持ちになってしまう前に、「これはチャンスではないか？」「この値上げした企業は、値上げしても買いたいと消費者に思われているか？」とプラスに捉えてみましょう。

②
「どこに行っても見るもの」を探す

街には「独占」が溢れている

街には株式投資のヒントが溢れています。

「カラーバス効果」をご存じでしょうか？　例えば、「赤いものを探してください」と言われて街に出ると、ポストや赤信号、マクドナルドの看板など普段何気なく目を留めることもなかった赤いものが次々に見つかってくる心理効果です。

「そろそろ投資を始めたい」と思っているみなさんには、ぜひ「投資カラーバス効果」を身につけていただきたいのです。

そのための大切な視点をお教えします。

「どこに行っても見るもの」を探すことです。

これは**「独占」**を見つけるための合言葉です。独占とは、ある企業が市場を支配し、競争相手がほとんどいない状態を指します。独占企業は価格を自由に設定できるため、安定した収益を上げやすくなります。

また、市場シェアを維持しやすく、長期的な収益の安定が期待されます。さらに、強力なブランドを持つことが多く、消費者の信頼を得て繰り返し購入される傾向があります。

こうした理由から、**独占している企業は株式投資の銘柄として有望**と考えられるのです。独占していなくても、圧倒的なシェアを誇るというのも同じ考え方です。

街で見つかる独占には、どんなものがあるでしょうか。

例えば、次のページの地図を見かけたことはありませんか？

駅や役所にあるいわゆる「案内板」です。あなたも一度は見かけたことがありませんか？　この案内板は表示灯という企業によるものです。

四季報にも、「鉄道駅や庁舎に設置された地図広告ナビタを独占展開」（２０２４年３集夏号より）と書いてあります。

例えば、東京メトロの駅構内にある案内板は、表示灯が１００％独占しています。私はここから、もう一歩妄想を進めました。

近年、さまざまな看板や広告がデジタルサイネージに置き換わっています。電車や駅構内、商業施設などでその変化を実感している人も多いでしょう。

それでは、表示灯のナビタがデジタルサイネージに置き換わったらどうでしょうか。広告価値はとても高く、広告展開次第では大変な化け方をするのではないかと思ったのです。

表示灯による製品と同じように、街や駅などでよく見かけるものとしては、自動ドアも挙げられます。

このステッカーが貼られた自動ドアを一度は通ったことがありませんか？

これは、ナブテスコという企業が展開する自動ドアブランド「NABCO」のマークです。

ナブテスコの建物用自動ドアの国内シェアは約55％を誇ります。

成長ストーリーを妄想してみよう

表示灯を例に独占を考えてきましたが、独占や圧倒的シェアは屋外に限りません。

誰でも見たことがある、「これ」を作っている企業をご存じですか？

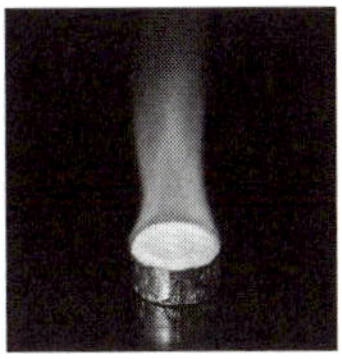

鍋料理に使う固形燃料です。飲食店や旅館での食事の際に、見たことがあるのではないでしょうか。この固形燃料はニイタカという企業が国内シェア6割以上を占めています。

実は、ニイタカが高いシェアを誇っているものは、固形燃料だけではありません。業務用の洗剤やアルコール消毒剤もニイタカが手がけているのです。

アルコール消毒剤といえば、コロナ禍に手指のアルコール消毒が推奨されました。その影響もあり、2020年6~7月にかけてニイタカの株価は創業以来の最高値を記録。コロナ禍以前の2020年初頭の株価に比べ、約3・5倍に上昇したのです！

どこでも同じものを見かける。そして、今後の成長を見込める。こうした**「独占＋成長のストーリー」**を見逃さないよう、目の前の世界をしっかりと見ることが投資には欠かせないのです。

逆にいえば、投資を始めると日常の見え方が今までと違ってきます。その楽しみも感じてもらえたら、もっと投資にのめり込めるはずです。

この「独占」や「圧倒的シェア」ですが、四季報でも探すことができます。会社四季報オンライン（第4章で後述します）の検索機能で「独占」または「【特色】シェア」（【特色】とシェアの間にスペースを入れます）と入力して調べるだけでさまざまな銘柄を見つけることができますので、ここから始めてみてもいいかもしれません。

③先進国は当たり前で、新興国はこれからのものを探す

日本以外に活路を見出した企業を探せ

2023年11月の人口統計によると、日本の人口は1億2434万2000人です。世界で12番目に多いとはいえ、すでに人口減少は始まっており、先の人口統計でも前年同月比で57万1000人も少なくなっています。人口減少に歯止めがかかる見込みはなく、2070年には8700万人まで減ると予測されています。

ここで、77ページの売上高の式を思い出してください。

売上高は数量×単価で決まります。戦後、日本は人

口が増加し、強い内需に支えられて発展してきました。ところが今後は国内での需要が減っていくことは疑う余地のない事実です。

それでは、企業は売上高を減らし続ける運命にあるのでしょうか？　それは違います。**国内のお客さんが減っているのなら、新たなお客さんを求めて国外にマーケットを広げることもできる**のです。

これから成長する企業として、「国外の豊かなマーケットに打って出る力があるかどうか」という視点も欠かせません。その際の視点が**「先進国は当たり前で、新興国はこれからのもの」**です。

例えば、「はじめに」でも紹介したSHOEIという企業があります。バイクに乗る人にはお馴染《なじ》みの企業です。高級ヘルメットを生産している企業で、世界シェアトップを誇ります。

一昔前の中国やベトナム、インドネシアなどでたくさんの人々がバイクに乗り、道路が混雑している映像を見たことがないでしょうか？　新興国では自動車より先にバイクが普及します。なぜなら、バイクは自動車に比べて圧倒的に価格が安いからです。その際、法整備が追いついていない国では、人々がヘルメットを装着することなくバイクに乗っています。

しかし、その状態は長くは続きません。いずれは法が整い、ヘルメット装着は義務付けられます。つまり、**十分なバイク台数があり、そこにいる全員がヘルメットを購入するのです。**台数の伸び×装着率。これが売上高につながります。

テレビに映し出されるたくさんのバイクとヘルメットを被っていないライダーの姿。「あれ？　誰もヘルメットを被っていないな」と気づけるかどうか。この視点が投資の成功の鍵を握っているのです。

ちなみに、SHOEIは世界のプレミアムヘルメット市場の60％以上のシェアを占めています。

インドのマーケットは日本の20倍!?

先進国では当たり前だけれど、新興国ではあまり見ないものは他にもあります。**ベビー用品を展開するユニ・チャームも、海外の豊富なマーケットをうまく取り込んでいます。**ユニ・チャームの紙おむつが浸透している国が、中国です。中国では「体に近いものほど安全なものがいい」と思われています。国民の生活が豊かになると、布おむつから紙おむつへと替わります。製品への安全性の観点から、中国ではユニ・チャームの紙おむつが選ばれたのです。

ユニ・チャームが現在伸ばしている市場がインドです。インドは2023年に人口が世界一になり、経済成長も著しい新興国。四季報にも「インドでベビー用品おむつ販売伸長」「注力エリアのインドやアフリカは所得水準踏まえ低価格帯ベビー用紙おむつ育成強化し新規客獲得狙う」(2023年2集春号より)とあり、今後の伸びにも期待が持てます。

インドのマーケットを狙っている企業は、他にもあります。

文房具メーカーのパイロットについての四季報のコメントも、なかなか刺激的でした。「日本の20倍のインド初等教育児童をターゲットに昨年設立の現法で拡販」（２０２３年２集春号より）とあります。インドの初等教育児童の人口は約１億３０００万人。文房具は消耗品ですから、この人口が何度も買ってくれるとなると大変なことになります。日本の文房具の品質は海外でも知られていますから、今後パイロットが大きく伸びることにも期待ができるのです。

ここで、一つ間違えて覚えてしまってはいけないことがあります。**海外にマーケットを広げていればどんな銘柄でもいい、というわけではありません。**

私は２００７年にＴＯＴＯの中国工場に見学に行きました。ＴＯＴＯはトイレの国内シェア６割、温水洗浄便座（ウォシュレットはＴＯＴＯの商標）では５割を占めています。

先のユニ・チャームの例のように、中国でのウォシュレットの伸びにも期待しましたが……現実はそこまで甘くありませんでした。

当時中国では、そもそもウォシュレットという製品が認知されておらず、絶対に必要な紙おむつや文房具と違って、なくても問題ないものだったため、普及するのに時間がかかってしまったのです。

ただ、2024年4集秋号の四季報では「中国は市況低迷続くが、米州はウォシュレットが活況」「米州ではウォシュレットの普及加速へ販促策強化」とコメントされていて、やはり中国は予想した通り伸びませんでしたが、アメリカについては「普及加速」とのことで期待できます。

④ 生きていれば絶対に関わるものを探す

天気予報は誰が作っている？

あなたには、毎朝必ずやっていることはありますか？

朝食をとることや歯磨き、着替えなど、さまざまなことをこなしていると思いますが、天気予報を見る人も多いでしょう。

テレビのニュース番組でもお天気コーナーは必ずありますし、お天気コーナー以外の時間帯にも画面の上や横に小さく表示されていたりします。最近ではスマホのアプリで確認している人も多いでしょう。

さて、この分野でも独占をしている企業があります。ALiNKインターネットです。天気予報専門サイトの

tenki.jpを運営している企業で、日本気象協会と提携して気象情報を加工し、配信しています。tenki.jpは日本気象協会が「公式」と表明していることから、同協会のデータを独占していると捉えることができます。あなたが使っているスマホアプリの天気予報も、データ元はALiNKインターネットかもしれません。

天気は人の行動を左右します。晴れていれば山に登ろうと思うかもしれませんし、雨が降っていれば家で読書をしようと考える人もいるでしょう。天気予報とは、非常に集客力が強いコンテンツでもあるのです。

ところが、ALiNKインターネットはまだ株価が大きく上がっていません。

ALiNKインターネットは、登山者をターゲットにし、山に特化した天気予報アプリ「tenki.jp　登山天気」をリリースするなど、天気を軸にさまざまな展開をしています。これまで「当たらない」と言われることも多かった天気予報の精度が高まったことで、天気情報にお金を払うことが当たり前の流れになってきており、その流れがもっと広がると価値も上がるのではと私は注目しています。

また、仕事に行くにしても、レジャーに出かけるにしても、鉄道や飛行機、バスなどの公共交通機関を使うはずです。その際に、時刻表や乗り換え案内を調べたりすると思いますが、そうした乗り換え案内サービスを展開する「駅探」や「ジョルダン」という企業は上場しています。

このようなケースは他にもたくさんありますが、**生きていく上で必要なものは、まさに「衣食住」ですので、それらに関わる企業を想像してみると面白い企業が見つかる**かと思います。

⑤

ブームは「5年後」を想像する

ブームには正しい乗っかり方がある

世の中には「ブーム」というものが存在します。

記憶に新しいところだと、タピオカブームがありましたね。タピオカは何度かブームが訪れていますが、最近では2018年ごろからの第三次ブームを覚えていらっしゃる方も多いでしょう。街中にタピオカドリンクを提供するお店が溢れかえりました。

さて、タピオカに限らずブームになったものには、たくさんの人が押し寄せます。人が集まって買われているなら、株としても有望なのでしょうか。

ここですぐに飛びつくのは、非常に危険です。ブームを考えるときにはいくつかの視点があります。

最も大切なのは、５年後を想像できることです。

ブームには、必ず終わりが来ます。ブームに終わりが来て、定番と化したものだけが残るのですが、それには厳しい戦いを勝ち抜く必要があります。つまり、５年はブームの荒波に揉《も》まれても生き残れるだけの力があるかどうかを考えることが重要なのです。

それでは、どうすれば5年後を想像できるのでしょうか。長年の銘柄分析の経験から、ポイントを二つに絞ってみました。

1　自分ではできないことか

2　ブランドがあるか

一つずつ見ていきましょう。

1 自分ではできないことか

まず、そのブームになっている対象をあなた自身が作れるかを考えてみましょう。タピオカドリンクは材料さえあれば開業でき、雨後の筍《たけのこ》のようにブーム時にはたくさんのお店が設けられました。中には「自分にもできるかも」と飲食提供の経験のない人まで参入していました。つまり、**参入障壁が低かったため、大量出店ののちにブームが去ってしまった**のです。

それでは、自分でできるものはすべてダメかというと、そうではありません。飲み物つながりで「お茶」と比べてみましょう。

今では缶やペットボトルに入ったお茶をコンビニや自動販売機で買えることは常識ですが、私が少年時代を過ごした50年ほど前にはそんなことはありませんでした。そうした中、伊藤園が1980年に「缶入り烏龍茶《ウーロンちゃ》」を発売しました。私自身、缶に入ったお茶を見て、大変驚いた記憶があります。ちなみに、ペットボトル入りのお茶は１９９０年に発売されました。

今ではすっかり世の中に定着した缶入りやペットボトル入りのお茶ですが、タピオカドリンクとお茶の命運を分けた要素はなんだったのでしょうか。

その答えは、**「タイパ」**です。

タイパとは「タイムパフォーマンス」の略で、使った時間とその結果得られた効果や満足度を比べることを意味します。近年では、費用対効果を示す「コスパ（コストパフォーマンス）」に似た概念として注目されています。

伊藤園の缶入りのお茶は、お湯を沸かし、急須に茶葉を入れ、お湯を注ぎ、茶葉を蒸らし、湯呑《ゆの》みにお茶を入れるという時間がかかる一連の工程を「お金を払うことで」代替してくれていたのです。

お茶は日本人にとっては日常的に飲むものでしたから、その時間を節約できるのは生活において大きな変化となりました。このように自分でできることだとしても、他者に代替してもらうメリットがあるものであれば、人はお金を使うのです。

2 ブランドがあるか

ブームの二つ目の視点は、そのブームにはブランドがあるかどうかです。

こちらは、近年の「唐揚げ店ブーム」を例に考えてみましょう。

２０２０年ごろからテイクアウトを中心とした唐揚げ店がブームとなりました。その後ブームは落ち着き、２０２３年には前年の9倍となる27件の唐揚げ店経営業者の倒産が発生しています。

私は、唐揚げ店のブームがなぜ終わってしまったのかを考えたときに、「ブランドがないこと」が一つの原因であることに思い至りました。

ここで、対照的な例として挙げたいのがトリドールホールディングスの「丸亀製麺」です。丸亀製麺は讃岐うどんのお店ではありますが、香川県発祥ではありません。粟田貴也社長が香川県丸亀市の製麺所でできたてのうどんを食べたことが、丸亀製麺を展開するきっかけになったといいます。１号店は２０００年に兵庫県加古川市に出しているのです。

しかし、丸亀製麺はこの「讃岐うどんブランド」「丸亀ブランド」を非常に効果的に使っており、２０１８年には国内外合計１０００店舗を達成しています。

もちろん、店内で製麺から茹《ゆ》で上げまで行っていたり、アルバイトでも高クオリティのうどんを提供できるようにオペレーションが工夫されていたりするなど、ブランド以外にもさまざまな要因が重なっていますが、消費者の心を摑《つか》むためにブランドがあるのとないのとでは、大きな差が生まれてしまうのです。

⑥
「そもそも論」で考えるクセをつける

「どうやって稼いでいるのか」を想像する

「タバコ屋に飛び込め」

これは私が野村證券に入社したときに先輩からよく投げかけられた言葉です。もちろん、「タバコを吸え」という意味ではありません。

最近は少なくなりましたが、街のタバコ屋さんを見かけたことはありませんか？　人一人しか入れないほどの小さなスペースでタバコを売っているお店のことで、私が野村證券に入社した１９９０年にはところどころに残っていました。タバコの値段は、当時１箱２００円ぐらいで、２０２４年現在でも代表的な紙巻きタバコで１箱（20本入り）５８０円ですから、大きな売上高が得られるとは思えません。そのような**繁盛していない様子のお店がどうやって成り立っているのか、「そもそもを考えろ」という教えなのです。**

これは、タバコ屋さんに限った話ではありません。

いつ行ってもお客さんが少ない喫茶店や贅沢《ぜいたく》な空間使いをしている銀座の寿司屋さんなど、「どうやってビジネスが成り立っているんだろう?」と疑問がわく瞬間はたくさんあります。

これらのケースでよくある答えとしては、そのテナントのビルのオーナーだったり、または企業経営者が趣味程度でタバコ屋さんや喫茶店を営んでいたりすることが挙げられます。本業が別にあって、そこでしっかりと稼いでいるので、趣味のお店にあまり採算を求めていなかったりするのです。

本業は何か、何で稼いでいるのか。これは投資の世界で銘柄を分析するためには欠かせない視点になりますので、ぜひ日頃からトレーニングしてみてください。

キャッシュカウを見つけろ

こうしたビジネスの本質を捉えるためにぜひ覚えていただきたい概念があります。それが**「キャッシュカウ（cash cow）」**です。直訳すると、「金を生む牛」となり、日本語では、**乳牛が牛乳を出し続けるようにお金を生み出し続ける仕組み**を指します。「金のなる木」という表現もありますね。

先のタバコ屋さんや喫茶店などは、まさに別の事業がキャッシュカウになっているのです。このキャッシュカウは、探せば日常の中でたくさん見つかります。

例えば、特急電車に乗って観光地に行くとしましょう。

特に平日は、座席が全然埋まっていないガラガラの特急電車に乗ったことがある方もいるかもしれません。このケースでは、通勤電車がキャッシュカウとなって、ガラガラの特急電車を賄っている構図になります。

また、本業の鉄道事業以外でもキャッシュカウがあるのかもしれません。

最近は少なくなりましたが、携帯電話の安売りも同じです。端末販売の一時的な売上高でお金を回収するのではなく、その後ずっと続く通信料でお金を回収する仕組みで、このケースでは通信料がキャッシュカウになっています。

プリンターも同じですね。プリンター自体は手軽に買える金額で売られていますが、トナーを頻繁に購入する必要があります。トナーがキャッシュカウになっているのです。

こうしたキャッシュカウが確立されている企業は、安定した収入がありますから株式投資の際にもとても有望な銘柄になります。

キャッシュカウは、「安定現金収入」のような発想です。これが見つかると、ビジネスで**「証券化モデル」**と呼ばれるものへの応用も利きます。

例えば、賃貸オフィスや賃貸マンション、物流倉庫は、その家賃が安定的な現金収入になります。他にもホテル、介護施設なども宿泊料や入居料が安定的な現金収入となります。これらのビルやマンション、施設を小口化して投資家に販売し、投資家がそれらによる現金収入を持分に応じて配当として受け取る仕組みを「証券化」といいます。

そしてこのような不動産を証券化したものを「ＲＥＩＴ（リート）」と呼び、他にも有料道路も証券化できます。

倫理的にいいか悪いかは別として、製薬会社のビジネスもそのようになっていることがあります。世の中には完治することのない「難病」がいくつも存在します。

私は重度の潰瘍性大腸炎を罹患した経験があります。安倍晋三元首相が第一次内閣を辞するきっかけになったことでも知られている難病です。この病気は、難病指定で完治薬がありません。長年付き合いのある主治医の先生が、こうおっしゃっていました。

「潰瘍性大腸炎の薬は、さまざまな製薬会社がこぞって開発しているんです。なぜかわかりますか？　それはこの病気が完治しないからこそ、薬を飲み続けなければならず、将来的にもずっと売れるからです」

病気は完治せず、症状を抑える薬を作り続けていれば、ずっと患者が買うのです。

つまりこれもキャッシュカウなのです。

⑦

株価が上がりづらい分野を知っておく

どんなに条件を満たしても上がらない分野は存在する

ここまでは株価が上がるきっかけをどう摑むのか、投資脳に切り替えるための方法をお伝えしてきました。投資脳にとって大切なことは、それだけではありません。**株価が上がりづらい分野も知っておくと、後々必ず役に立ちます。**

次章以降で詳しくご説明しますが、株式投資というものはさまざまな指標やカタリスト（株価が上がるきっかけ）を見ることで株価の上昇を予測します。しかし、さまざまな条件を満たしていても株価がなかなか上がらない業種・業界があるのです。

ペットフード、ペット保険など、ペット関連は株価が上がりづらいといわれています。推測にはなりますが、ペットという存在はそもそも人間のエゴを感じさせることが理由かもしれません。治験や実験に動物を使う企業も同様です。あくまでも私の見解ですが、命を扱うビジネスはなかなか投資家の共感を得られず、敬遠されてしまうのではないでしょうか。

また、89ページの「③先進国は当たり前で、新興国はこれからのものを探す」でご紹介した海外でのマーケットを広げるという意味では、現地の文化や宗教観も大きく影響します。イスラム圏では豚肉を食べることが禁じられています。そうした国では、例えば日本ハムが豚肉を使ったハムやソーセージを売ることはできません。投資でも同じことがいえて、イスラム圏の投資家が「日本ハムの株は買えない」と言っていたのを聞いたことがあります。

エステ、ネイルも上がりづらい分野です。参入障壁が低いこと、企業の競争力や持続性に対して疑問を抱かれやすいことが理由ではないかと思います。

パチンコ関連も理由は定かではありませんが、私が株式投資に携わってきた約30年の経験から常に割安に放置されている印象があります。

さらに、**「引き算のモデル」は上がりづらい**という視点もあります。

例えば、事務経費を削減し、余った経費から売上高を得るビジネスモデルが当てはまります。

ビジネスとしてはうまくやっていて、サービス利用者が増えている企業は多数ありますが、**株としては「マイナスの発想」は受け入れられづらい**のです。このようなビジネスモデルが出始めた頃は、その目新しさから株式市場でも注目を集めたことはありますが、最近はあまり話題になりません。上限があるからでしょうか。

一方で増やしたものに対しての課金モデルは、上がる可能性があります。単純に上限がなく、青天井で伸びる可能性があるからで、「増やしたものに対して課金モデルになっているか」という視点は大事です。

第3章

これだけは！株式市場と企業の仕組み

株式市場の評価はいつだって公正

この世で唯一と言っても過言ではない公正な評価

第2章では、考え方をデフレ脳から投資脳へと切り替えていただけましたか？

いよいよ第3章では、投資に必要な最低限の知識をお伝えします。本書ではこれまで、「株」や「株価」「売上高」などといった普段の生活ではあまり耳にしないような用語を使ってきました。特に説明がなかったので、戸惑われた方もいらっしゃるかもしれませんね。本章では、こうした株式投資において知っておくべき単語や考え方をお伝えしていきます。

あなたは普段生活していて「不公平だな」と感じる

ことはありませんか？

企業の人事評価で、明らかに結果を出していない人が評価されて昇進した。

同じ仕事をしているのに、「経験年数が短い」という理由で他の人より給料が低い。

自分の住む自治体は友人の住む自治体に比べて子育て支援が充実していない。


こうした「不公平」は、世の中に数えきれないほどあります。特に企業の人事制度は、どれだけ「公正に評価している」と言われても、１００％の公正さはあり得ないものです。


それに比べて、**株式投資の世界では市場の評価が極めて公正**です。

株式投資の面白さは、誰もが自分なりのストーリーを立てられること。

例えば、「タピオカが流行《はや》る」と思ってタピオカ屋さんの株を買ったとします。その結果が株価に反映されます。自分の考えが正しければ株価が上がり、間違っていれば下がる。この結果は市場が決めるのです。

市場の評価は非常に公正で、株式市場に参加する全員に対して同じ基準で行われます。**世の中では人事評価が間違っていることが多いですが、株式市場は株価が上がるか、下がるかという点で、世の中で唯一、正しく評価してくれるのです。**これは株式投資を始める上でも、大きなモチベーションになります。

株価はどのように決まるか？

株式市場は森羅万象を含む。

これは株式投資における大原則です。

株式市場では、買いたい人が1000人いれば、売りたい人も1000人いなければ値段（株価）はつきません（正確には、買いたい株式数と売りたい株式数が一致します）。買いたい理由や売りたい理由はそれぞれ異なりますが、それが市場の評価となります。実際には、1000人以上の人々の思いや理由が反映されて値段が決まります。株価が上がるか下がるかは、市場がそれらの思いや理由をすべて織り込んで一つの評価にまとめた結果なのです。

つまり、**買いたい人の裏に売りたい人がいて、売りたい人の裏に買いたい人がいる。**必ず自分とは正反対の見方をしている人がいるということです。

私自身、長年株式投資の世界に身を置いていますが、「この感覚を身をもって理解したい」と思い、数多くの「日本の古戦場」を巡った時期があります。「株式投資の理解のために古戦場巡り？」と疑問に思ったかもしれませんね。実は、株式投資の世界と合戦の世界には共通点があるのです。

例えば、関ケ原の戦いでは東軍の徳川家康と西軍の石田三成が対峙《たいじ》します。これは株式市場で「売りと買いが対峙」しているのと同じです。どちらにも理由があり大義名分があるのも、合戦も株式市場での売り買いも同じです。また、どちらが正しいかというのは誰にも判断できません。しかし、結果として、合戦では勝ち負けが決まり、株式市場では株価の上がり下がりが決まるのです。

関ケ原や桶狭間、長篠、賤ケ岳、姉川など、さまざまな古戦場を訪れて実際に両方の陣営の立場に身を置くことで、お互いの考え方や心境を想像し、二つの視点を理解することができます。すると、売りと買いの関係と非常に似ていることがわかり、売りたい人の理由や買いたい人の理由を想像することができるようになったのです。二つの視点がわかれば、あとはどちらの陣営につくかを決めることが、株を買うか買わないかの判断になります。

株式市場はまるで１０００人ずつの賛成派と反対派が公平に値段を決めているようです。合戦と株式市場は全く同じで、評価は公正で覆しようがありません。勝ち負けや株価の上がり下がりも同様です。

このように株の値段である「株価」は、最終的には需要と供給によって決まります。売りたい人と買いたい人が相互に合意した値段が株価となるのです。

この仕組みは非常に興味深く、ある意味で奇跡的です。株価を予測することは難しく、まるで自然界の神秘のようなものです。売りたい人にはさまざまな理由があり、買いたい人にも同様にさまざまな理由があります。

これらの理由は外部からはわかりにくく、時には「惑星が地球にぶつかるから売

株価が変動する仕組み

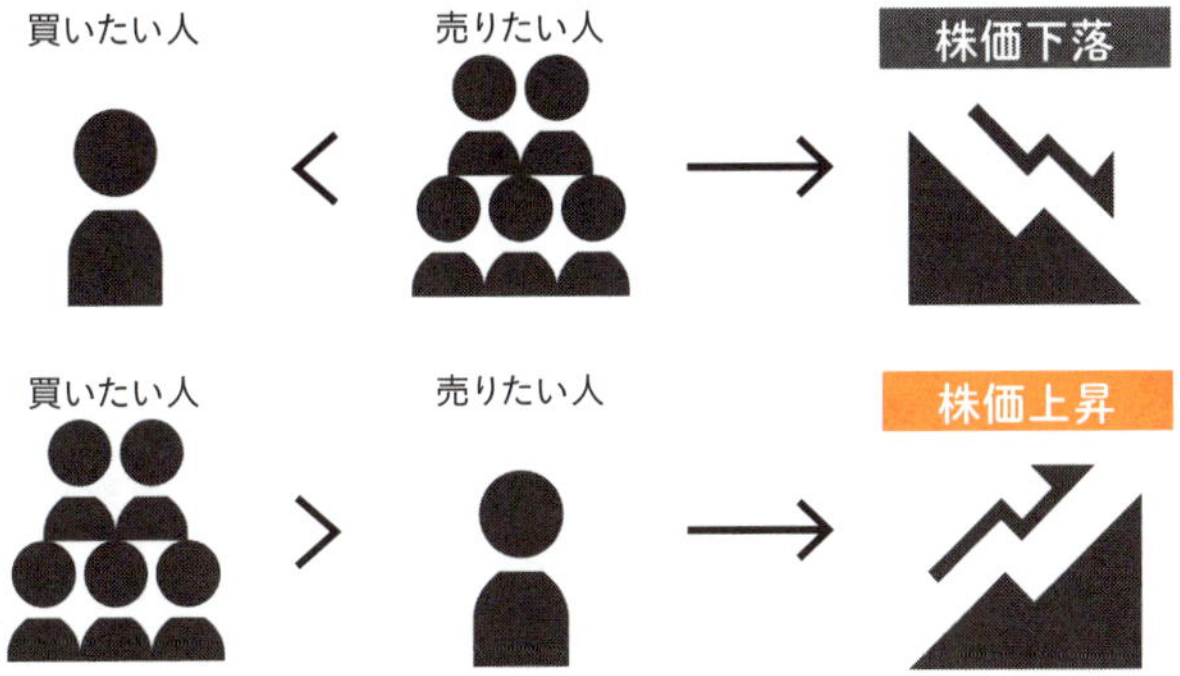

売りたい人が多ければ株価は下がり、買いたい人が多ければ株価は上がる。

らないといけない」といったような他人には理解しづらく、非常に個人的で、予測不可能な理由も含まれるかもしれません。

このように、人々の多様な思惑が交錯する中で、売りと買いが必ず一致するポイントに株価が形成されます。基本的なメカニズムとして、**売りたい人が多ければ株価は下がり、買いたい人が多ければ株価は上がります。**このシンプルな需給の法則が株価の動きを決定するのです。

なぜ、企業は上場を目指すのか？

公開で売買できる仕組みが上場

株式市場は森羅万象を含む。

この概念を理解していただいたところで、そもそも株式市場で株が売買されるために必要な**「上場」**も押さえておきましょう。

株式市場に上場することを「マンション売買」でたとえてみましょう。

１００室のマンション１棟を一人のオーナーが所有しているとします。この場合、外部の人はそのマンションの部屋を買うことができません。

しかし、オーナーがマンション経営から引退することを決め、2室だけを自分用に持って、残りの98室を売ることにしたとします。こうして一般の人が購入できる状態になったものが、「上場」の概念です。

オーナーがすべての部屋を持っている場合、外部の人はその建物の敷地にすら入れず、部屋の価値も外から見ているだけではわかりません。

しかし、部屋が売りに出されることで状況が変わります。例えば、1室が2000万円で売られたとします。この場合、2000万円×100室なのでマンション1棟の価値は20億円になります。

ところが、次に入居する人がその部屋を4000万円で購入したとします。すると、マンション1棟の価値は40億円になるのです。

2000万円で部屋を買った人は、あとから買った人が4000万円で購入していることを知り、「自分の部屋も売れるのではないか」と思います。すると、今度はその人が部屋を売りに出し、やがて買いたい人が現れる。**このように公開で売買ができるようになるのが「上場」です。**

上場のメリットとデメリット

上場していないと、株を買いたい人がいても、その人は自由に買うことができません。オーナーと直談判して株を売ってもらうしかないのです。これを「相対《あいたい》（相対売買／相対取引）」といいます。

証券取引所に上場すると、売りたい人・買いたい人が勝手に集まってきて、勝手に売買して値段がつきます。ただし、何があっても「今日の終値は1本これ！」と決まったらその通りになるのです。

上場は、企業にとっても大きなメリットがあります。

上場している企業は市場から資金を調達することができます。これに対し、上場していない企業は、銀行やエンジェル投資家などから個別に資金を調達しなければならず、資金調達の手間がかかります。上場を目指す企業はエンジェル投資家から資金を集めることも多く、上場が目標の一つとなるのですね。

上場のメリットは、資金だけではありません。**上場企業の大きな特徴は、その信頼性の高さです。**上場するためにはデューデリジェンス（企業の内部を詳細に調査し、その健全性を確認するプロセス）を経る必要があります。これにより、上場している時点で企業の信頼性が高いと見なされます。就職希望者や投資家にとって、この信頼性は安心材料となります。

さらに、**上場企業は透明性と規制の面でも優れています。**証券会社と証券取引所の厳しい審査を受けることで、経営陣の信用性や企業の健全性が保証されます。上場企業はＩＲ（投資家向け広報）や株主総会の開催など、透明性の高い運営が求められ、これが企業の信頼性をより一層高めます。

しかし、上場にはコストと制約も伴います。

上場を維持するためには多額の費用がかかり、経営の透明性に関して外部から厳しく監視をされます。そのため、上場企業は経費の使い方や経営方針について厳しいチェックを受けることになります。

多くのメリットがある上場ですが、**すべての企業が上場を目指すわけではありません。**上場しない選択をする企業も多くあります。

例えば、竹中工務店やサントリーのように、大企業でも上場していないケースがあります。サントリーの場合は、サントリー食品インターナショナルが２０１３年に上場しましたが、親会社であるサントリーホールディングスは上場していません。これにより、資金調達の柔軟性を確保しつつ、親会社のリスクを低減するという戦略を取っています。

このように、上場には多くのメリットがある一方で、コストや制約も存在し、企業はそれぞれの状況に応じて上場の是非を判断しているのです。

株式市場・株価指数をシンプルに理解する

市場別よりも銘柄別に注目する

企業が上場する株式市場には、プライム市場、スタンダード市場、グロース市場という三つの市場があります。

プライムは大手企業、スタンダードは中堅企業、グロースは成長企業を指します。それぞれの定義の詳細は、次のページの図をご覧ください。

しかし、私は**市場別に企業を見る必要はあまりない**と思います。有名企業や大企業にこだわったスタイルで投資をしたいなら、プライム市場を見ることが適していますが、**銘柄別に注目する方が効率的です。**

3市場の特徴

プライム市場

機関投資家の投資対象になる
時価総額が大きい大企業が中心。
輸出産業や景気敏感株などが特徴。
上場企業数:1,644社。

スタンダード市場

上場企業として十分な流動性が
維持されている中小企業が中心。
安定した事業や割安株が特徴。
上場企業数:1,604社。

グロース市場

高い成長が期待できるベンチャー・
新興企業が中心。高い成長率や
株価の動きが激しいことなどが特徴。
上場企業数:591社。

上場企業数は2024年8月8日時点の数字。

これについては、第4章の「すべての投資家にとって投資スタイルは超重要」の節で詳しくお伝えします。

日本の株式市場の歴史を見てみましょう。

日本で株式市場ができたのは、1878（明治11）年のことです。当時、フランスやイギリスには証券取引所があり、日本でもそれらを参考に設立されました。

設立当初は4種の公債が上場され、数か月ののちに、東京株式取引所（現東京証券取引所）、第一国立銀行（現みずほ銀行）、兜町米商会所、蛎殻町米商会所の4銘柄が上場されました。

東京株式取引所は、通称「東株《とうかぶ》」と呼ばれ、日本初の上場企業でした。東京株式取引所は自ら株式市場を設立し、自ら上場する形をとったのです。当時はさまざまな出資者が存在し、渋沢栄一もその一人でした。

株式会社という形態が日本で初めて導入されたのは明治維新のあとであり、その最初の例が１８７３（明治６）年設立の第一国立銀行です。株式会社の形式は今では当たり前ですが、その前は異なる商業形態が一般的でした。

現在上場している最も創業が古い企業は松井建設で、１５８６年に事業を始めました。当然、創業当時は株式会社ではありませんが、関ケ原の戦いや明治維新、太平洋戦争を乗り越えて存続しているのです。

株を保有するとは、企業の一部を保有することと同じです。**こうした長い歴史を持つ企業の一部を保有することは、古い通貨制度や戦前の経済を超えて価値を保持し続けることを意味します。**これが株の本質であり、株とは企業の一部であり、資産であるということです。

TOPIX、日経平均株価、二つの株価指数

三つの株式市場が日本にはあるわけですが、市場を見るヒントになるのが**「株価指数」**です。

株価指数とは、株式市場全体の動向を把握するための重要な指標です。一般的に東証プライム市場指数、東証スタンダード市場指数、東証グロース市場指数という三つの市場別指数がありますが、多くの投資家は主にTOPIX（東証株価指数）や日経平均株価（日経225）を見ています。それぞれご説明しましょう。

TOPIX（東証株価指数）

「Tokyo Stock Price Index」の略で、東証株価指数とも称され、単位は「ポイント」で表されます。日本経済の動向を示す代表的な経済指標です。1968年1月4日の時価総額を100として、その後の時価総額を指数化しています。東京証券取引

所に上場している銘柄を広く網羅しており、値動きから日本の株全体の動きを把握できる特徴があります。

日経平均株価（日経225）

「TOPIX」と並ぶ日本の代表的な株価指数で単位は「円」で表されます。プライム市場に上場している主要225銘柄の株価を元に算出している株価指数。225銘柄は日本経済新聞社が選んでいます。構成銘柄については、毎年1回見直しを行っています。

TOPIXと日経平均株価の違いはいろいろとありますが、一番重要な違いをお伝えします。

日経平均株価は、上昇率ではなく値幅が影響します。そのため、「値がさ株」の動向に左右されます。

「値がさ株」とは、株価の絶対額が大きい銘柄のことです。ファーストリテイリングや東京エレクトロン、ソフトバンクグループなどが該当します。ファーストリテイリング1銘柄で、日経平均株価全体の約10％を占めています。日経平均株価は株価の平均値ですから、ファーストリテイリングの株価の変動は、日経平均株価に大きく影響してしまうのです。

一方、多くの銘柄の株価が下がったとしても、値がさ株が上昇していれば日経平均株価がプラスになることもあります。これに対し、TOPIXは時価総額比率で計算されるため、株価の値幅ではなく上昇率が影響します。

この仕組みを知っている投資家は、株価の高い銘柄が日経平均株価に与える影響を理解し、戦略を立てることができます。

例えば、ファーストリテイリングの柳井正代表取締役会長が株式分割を行わなかった理由も、株価の高い状態を維持することで日経平均株価に大きな影響を与えるためだったかもしれません。

ベンチマークとの比較を徹底する

TOPIXと日経平均株価の大まかな概要を理解していただけましたか？　とはいえ、「最初に何を見ればいいのか？」と疑問に思う方もいらっしゃることでしょう。

初心者はまず、市場全体の動向を把握するために「ベンチマーク」となる指標を見ることが重要です。

例えば、TOPIXや日経平均株価が良い参考になります。市場全体の株価が下がっている中で自分の投資銘柄がどのように影響を受けているかを比較することが大切です。TOPIXが10％下がっているとします。そのときに、自分のポートフォリオ（保有する銘柄）が５％の下落で済んでいるなら、それは良いパフォーマンスといえます。

ここで最も避けなくてはならないのは、TOPIXを見ずに自分が持っている銘柄の株価の下がり方だけを見てしまうことです。厳しい表現にはなってしまいますが、この発想を持っているのなら、今すぐに投資をやめてもいいほどです。

短期的には市場全体の株価が下がっているのに、自分の保有している銘柄だけ上がる。そんな都合のいいことなど、起こり得ないのです。ごく稀《まれ》にそうした奇跡とも呼ぶべき事象を達成する人がいますが、それは宝くじに当たるよりも難しい確率なのではないでしょうか。実際に2024年8月には、年初から上昇傾向を続けてきた日経平均株価が過去最大の下落と上昇を記録しました。慌てて売ってしまう「パニック売り」が発生しましたが、このようなときこそ周囲と同じ行動に走るのではなく、冷静な判断で自らの資産を守る意識が必要なのです。

市場別での株価動向を見る場合、プライム市場とグロース市場の違いも理解しておく必要があります。最近では、日経平均株価が上昇する一方で、グロース市場の株価は下落しているという現象が見られます。これにより、中小型銘柄を持つ投資家は損失を被りやすい状況となっていますが、全体の市場動向を理解し、冷静に判断することが重要なのです。

売上高と利益の構造

売上高は超シンプルにできている

　ここからは、個別の企業ごとにどのように数字を見ていけばいいのかを考えていきましょう。

「数字」と聞いて、「この本もそういうややこしいことを言うようになったのか……」と暗い気持ちになった方もいらっしゃるかもしれませんが、安心してください。順を追ってご説明していきますから、わからなくなったとしても少し前の説明に戻って読み直していただければ理解できるようになっています。

　第2章で「売上高」について説明しました。ここで少し振り返ってみましょう。

売上高の構造

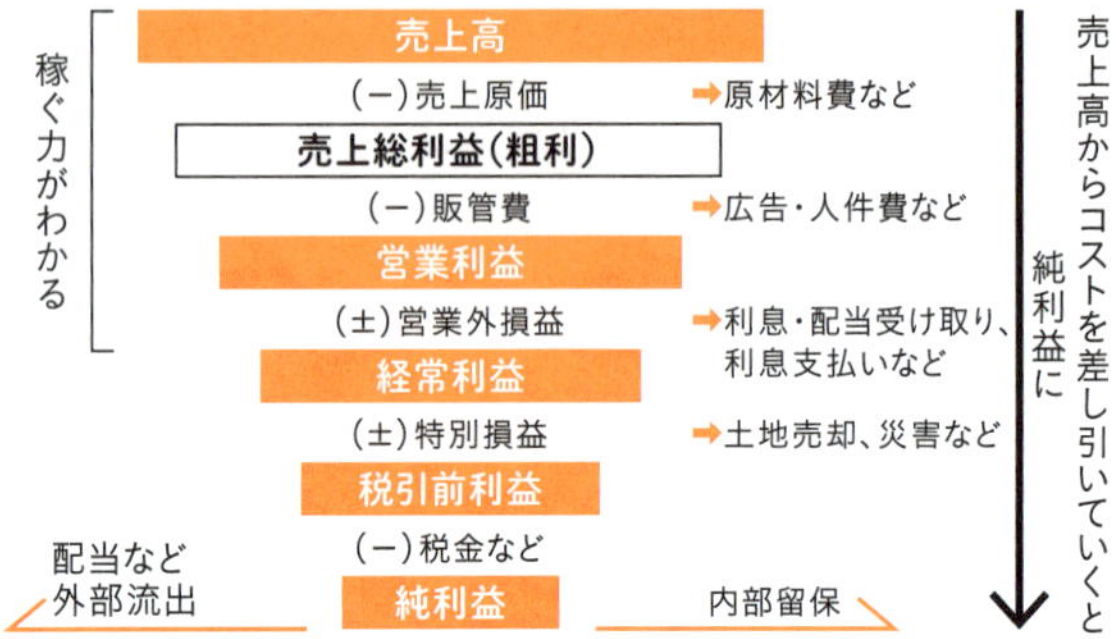

運用の世界では売上高をトップライン、純利益をボトムラインと呼ぶ。

(出所)複眼経済塾

売上高＝数量×単価

基本的にはどんな企業でも、このようにして売上高は成り立っています。しかし、これだけでは株価がどのように変化していくかを考えることはできません。

この節では、複数の用語を一度に説明します。混乱を避けるため、先にすべてを示した図をお見せします。上の図をご覧ください。

それでは、一つずつ見ていきます。

似て非なる売上高、営業収益、経常収益

まず、最初に理解したいのが**「売上高」**です。**売上高は、本業から得られる収益の総額**を指します。

ちなみに、売上高が増加することを「増収」といい、その増加した比率を「増収率」といいます。逆に売上高が減少することを「減収」といい、その比率を「減収率」といいます。これは第5章で「成長率」として触れますから、頭の片隅に置いておいてください。

売上高の欄に、営業収益や経常収益と記載されている企業もあります。

売上高には、物理的な商品やサービスの販売から得られる収益が含まれますが、手数料などで得られる収入は「営業収益」として表示されます。

この営業収益は、商社や金融機関によく用いられる表現で、手数料や仲介料などのサービス収入を指します。例えば、伊藤忠商事や丸紅のような商社は、商品を直接売るというよりも、手数料や仲介料を収益源としているため、「営業収益」と表示します。

野村證券などの金融機関も、手数料収入を「営業収益」としています。これは理屈を知ると覚えやすいです。野村證券のような証券会社は「株を売っています」と言いますが、実際に売った株の金額を売上高とすると、とんでもない金額の売上高となってしまいます。それでは実態とかけ離れていますから、株を売った金額自体は売上高になっていないのです。そのため、正確には「手数料が売上高です」という表現になるのです。

この違いは、物理的な商品を売るのか、手数料などのサービス収入を得るのかに依存します。

経常収益は、主に銀行が用いる表現で、通常の業務から得られる収入を指します。

例えば、セブン銀行の収益は「経常収益」として計上されます。これには、銀行業務から得られる利息収入や手数料収入などが含まれます。

売上高か営業収益か経常収益かを見るだけで、その企業がものを売っているのか、手数料収入で儲けているのかがわかるのです。

本業で利益を出しているか、本業外で利益を出しているか

ここからは、利益となります。利益というと「営業利益」や「経常利益」「純利益」など、似たような言葉が出てくるため、最初は戸惑うかもしれませんが、構造は意外とシンプルです。

基本的に**「売上高－コスト＝利益」**という構造になっているため、何のコストを差し引くかによって名称が変わるのです。

売上高から原材料費などを差し引いたものが売上総利益、一般的には「粗利」と呼ばれます。

粗利は、商品の販売価格から直接的なコスト（売上原価）を差し引いたものです。例えば、回転寿司チェーンでは、粗利を確保するための工夫が凝らされています。寿司はネタによって売上原価が異なります。単純化するために、実際の例よりも誇張した数字にして解説します。売上原価が低いネタとして卵が挙げられます。その売上原価は10円。１００円で販売すれば、粗利は90％です。

回転寿司チェーンとしては、お客さんにたくさん卵の寿司を食べてもらえれば高い粗利を確保できるのです。卵の寿司が好きな人といえば、どんな人が思い浮かびますか？

そう、子どもです。

子どもが一人で来店することはあり得ませんので、必然的に家族連れがメインターゲットとなります。家族でゆったりと食事ができるようにボックスシートを充実させたり、子どもが喜ぶ景品（例えばくら寿司の「ビッくらポン！」）を十分に備えたりすることで、家族連れの来店を増やしているのです。

営業利益は、本業から得られる利益を指し、企業の本質的な稼ぐ力を示します。売上総利益（粗利）から販売管理（販管）費（広告費や人件費など）という事業を運営するための最低限のコストを差し引いたものです。**営業利益は「本業の利益」とも呼ばれ、営業利益が多ければ、企業は本業で安定した収益を上げていることを意味します。**

営業利益が売上高に対してどれくらいの割合で残るのかを見るのが**「営業利益率」**です。営業利益率の計算式は単純です。営業利益÷売上高×１００で求められます。

高い営業利益率は、高い価格で販売するか、コスト（販管費）を抑えるかによって成り立ちます。いずれにしても、高い収益性を持っていることを示します。

例えば、ファミリーレストランのサイゼリヤは自社農場で野菜を育てたり、自社工場で原材料を生産したりしています。そのようにして売上原価を抑えることで、提供する食事のクオリティを落とさないで営業利益率を向上させているのです。

業界によって、営業利益率は異なります。製造業と非製造業で比較すると、今期予想では製造業の方が営業利益率は高くなっています。ただし、非製造業の中でも情報通信業では、全産業の平均が7％半ばであるのに対して、10％を超える企業がたくさんあります。

このように営業利益率が2桁になる企業は非常に優れているとされます。高い営業利益率を誇る企業としては、キーエンスが知られています。キーエンスの営業利益率はなんと50％を超えています。さらに、キーエンスは平均年収が2000万円超えと、日本一高い給料とされていますが、それでもなお、高収益を維持しているのです。

本業から得られる利益を示す営業利益に対して、**経常利益は「営業外損益」を含**

経常利益が営業利益よりも大きい例

TBSホールディングス

【業績】(百万円)	売上高	営業利益	経常利益
連20. 3	356,796	13,103	21,274
連21. 3	325,682	10,841	19,233
連22. 3	358,269	20,346	30,707
連23. 3	368,130	20,782	35,086
連24. 3	394,309	15,175	27,653
連25. 3予	400,000	16,500	26,100
連26. 3予	415,000	18,000	27,600
連23.4~9	190,813	8,743	16,257
連24.4~9予	190,000	9,000	15,000
会25. 3予	400,000	16,500	26,100

片倉工業

【業績】(百万円)	売上高	営業利益	経常利益
連21.12	37,627	2,797	3,855
連22.12	34,274	1,369	2,582
連23.12	39,972	3,803	5,068
連24.12予	40,700	3,600	4,600
連25.12予	42,700	3,800	4,800
連23.1~6	20,616	2,104	2,726
連24.1~6予	20,300	1,700	2,300
連23.1~3	10,700	1,051	1,259
連24.1~3	10,560	987	1,239
会24.12予	40,700	3,600	4,600

営業利益よりも経常利益が大きくなることもある。

（出所）会社四季報 2024年３集夏号

む利益を示します。

営業外損益とは、本業以外から得られる収入と支出の差し引きを指し、利息や配当の受け取り、利息の支払い、投資事業からの損益が含まれます。例えば、総合商社が投資事業から得る収益は、営業外収益となります。

これは企業の全体的な収益力を示しますが、**営業利益が小さくて経常利益が大きい場合、補助的な収入が多いことを意味するため、本業が弱い可能性があります。**

１３４ページの売上高と利益の構造の図では、営業利益よりも経常利益が小さかったですが、上の図のように経常利益の方が大きくなることもあるのです。

例えば、繊維企業の片倉工業やテレビ局のTBSホールディングスも、不動産収入が大きく、経常利益が本業の収益の営業利益を上回っています。

つまり、営業利益は企業の本業から得られる利益を示し、継続的に稼ぐ力を評価するための重要な指標なのです。

営業利益が高ければ、企業は本業で安定して収益を上げられる能力があることを示します。経常利益が大きくても、営業利益が小さければ、補助的な収入に依存している可能性があり、事業にリスクがないか確認する必要があるといえます。

経常利益に特別損益を加えると、税引前利益（四季報では税前利益と表記）となり、最後に税金を差し引いて純利益となります。

特別損益は、一時的な利益や損失を指します。

例えば、長年保有していた土地を売却した際の利益や、自然災害で工場が被災して発生した損失などが該当します。これらの特別損益を差し引いたあとに税金が計算され、最終的な利益として純利益が得られます。

一番重要なのは、営業利益

さて、売上高から一つずつコストを差し引いて、純利益まで見てきました。
運用の世界では、134ページの図にあるように**売上高は「トップライン」、純利益は「ボトムライン」と呼ばれます。**

企業の成長を示すためには、「トップラインを伸ばす」ことが重要です。これは売上高を増やすことであり、企業の成長を意味します。ボトムラインについては、PERやROEといった指標を計算する際に使われます（詳しくは第5章でご説明します）。

売上高、売上総利益、営業利益、経常利益、税引前利益、純利益と一度にご説明してしまいましたが、慌ててすべてを理解する必要はありません。

重視すべきは、営業利益です。

例えば、災害の影響で特別損失が出ることがあります。そのせいで純利益が赤字となると、メディアは「赤字」を強調して報じることがあります。確かに、被災による影響は大変なものでしょうが、**本業さえ回っていれば＝営業利益が出ていれば、お先真っ暗というわけではありません。**

株式市場では、理由があるものには投資家は無闇に騒いだり、焦ったりしません。むしろ、そうしたときは「買いのタイミング」ですらあるのに、メディアの騒ぎに慌てて、売ってしまう投資初心者も少なくないのです。

２０１１年にオリンパスの粉飾決算が、世間の大きな関心を集めたことを覚えている方も多いのではないでしょうか？

株価は急落し、一番安いところで１０６円まで下がりました。直近の高値が３１９８円ですから、実に約30倍です。

メディアでは、オリンパスの上場廃止をはじめ、さまざまな角度からネガティブな側面を強調した報道がされていましたが、私はそれほど悲観していませんでした。

なぜなら、オリンパスの内視鏡は世界シェア7割を誇るからです。そうした強みを見逃して、会計の問題だけをメディアが叩《たた》き、多くの人の不安が増長したのです。**メディアが煽《あお》るのは、わかりやすい悲観の例**です。メディアが報じることと、事業はどのように関わっているのか。そうした本質的な話を忘れないようにしてください。

また、メディアではしばしば純利益（ボトムライン）のみが報道され、一見すると企業の業績が良好に思えることがありますが、売上高からコストを差し引いたものが利益であるため、コストを削減することで一時的に利益を押し上げることができますので注意が必要です。

次は、コストに関する考え方を見てみましょう。

コストを見る目を養うと、企業の未来を見通せるようになる

固定費と変動費、2種類のコスト

売上高や利益など、入ってくるお金を知ったら、「出ていくお金」も理解しましょう。

企業は商品を売って売上高を立てますが、その際に必ず「コスト」が発生します。コストには**1**固定費、**2**変動費の2種類があります。

1 固定費

生産量や売上高に関係なく、一定の金額で発生する費用。

人件費や賃料など、たとえ売上高がゼロだったとしても、固定費は事業継続のために必要になります。

固定費と変動費

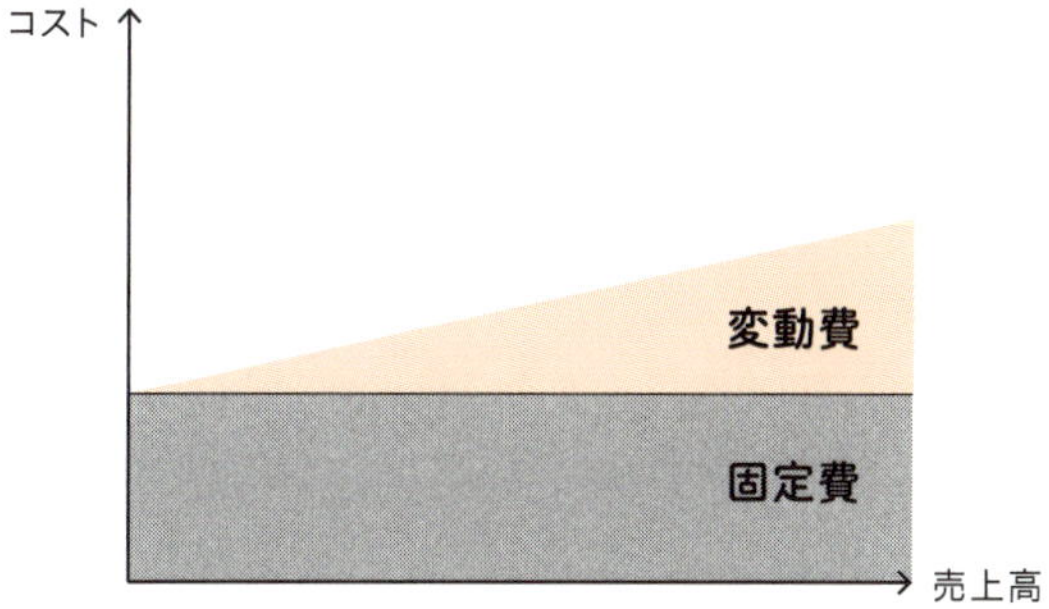

固定費は必ず一定の金額で発生、
変動費は生産量や売上高に応じて変動して発生。

2 変動費

生産量や売上高に応じて、変動して発生する費用。

原材料費や外注費、運送費など、ものが売れたり、ものを売ろうとして生産したりするときに必要になります。売上高がゼロのときには発生しません。

固定費と変動費については、上の図が理解を助けてくれます。

この図は横軸が売上高、縦軸がコストになっています。固定費は売上高の増減にかかわらず一定額必要になります。「今月は売上高が少ないから、家賃をゼロにしてほしい」というようにはできません。それに対して変動費は、売上高に連動して上がっていきます。

固定費の割合が高いと、売上高が少ないときに赤字になりやすくなります。一方、変動費の割合が高いときには、売上高を増やせても利益が伸びづらくなるのです。

この固定費と変動費を足した金額が、「総コスト」になります。

ここで、**「損益分岐点」**という重要な考え方が出てきます。

損益分岐点とは、売上高とコストが同じになる点のこと。売上高とコストが同じなのであれば、利益も損失も発生しません。

損益分岐点を上回る売上高を計上できれば、利益が生まれます。損益分岐点を売上高が上回れば黒字、下回れば赤字ということです。

ただし、前述のように売上高を増やすことはそう簡単な話ではありません。

それでは、どうすれば利益が増えるのでしょうか？　売上高を増やすことが簡単

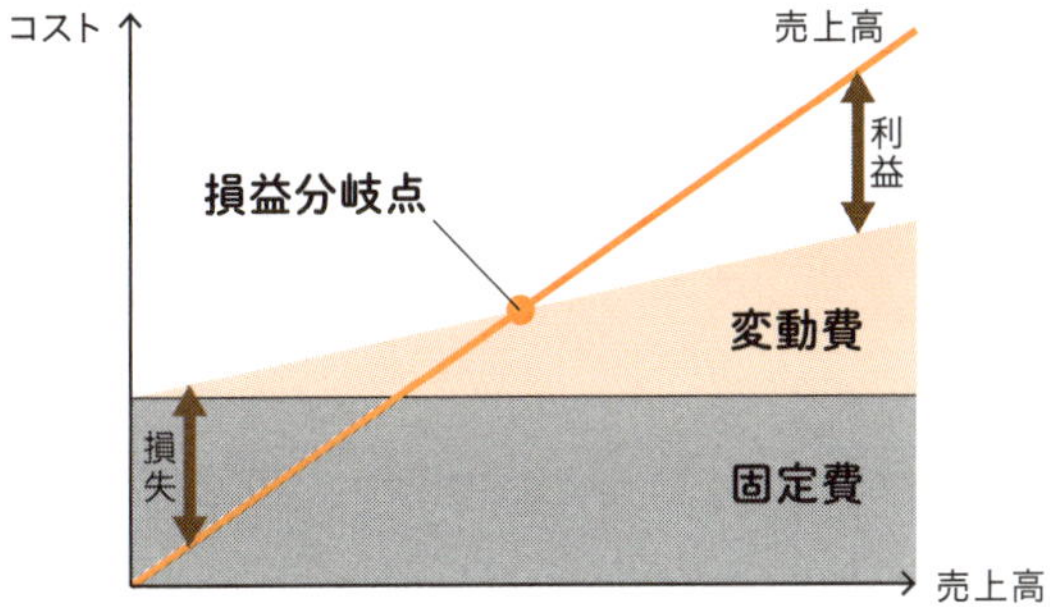

損益分岐点を上回れば、利益が発生する。

でないなら……**コストを下げる**のです。

では、どうやってコストを下げるのでしょうか？　**売上高とリンクする変動費ではなく、固定費を下げる方が賢明です。**

次ページの図のように固定費が下がると、損益分岐点も下がります。これにより、たとえ売上高が減っても利益が出るようになるのです。

「売上高が減っても利益が増える」のからくり

「減収増益」という言葉を聞いたことはありませんか？　文字通り、売上高（収入）は減

固定費を下げて利益を増やす

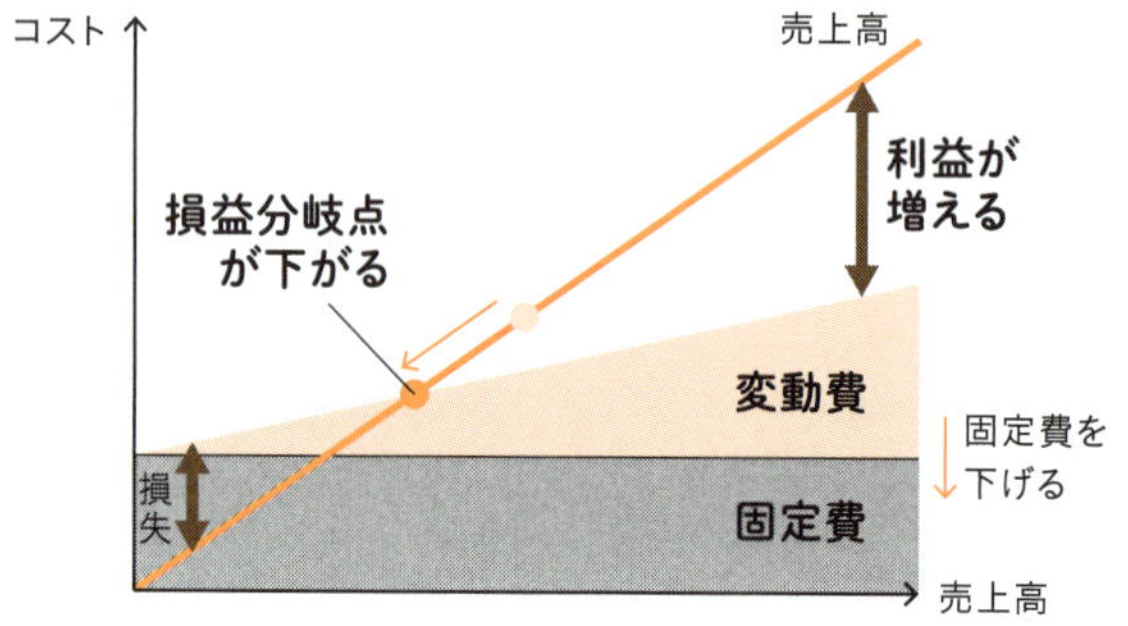

人件費、賃料などの固定費を下げると
その分利益が生まれる。

り、利益は増えている状態です。これこそ、**損益分岐点を下げることで、売上高が減ったとしても利益を増やすことができる仕組み**なのです。

商品やサービスが販売不振に陥ることはどんな企業でも避けられません。そうした売上高が減っている局面で利益を増やす方法が、固定費を下げることです。

例えば、それまでよりも賃料が安いオフィスに引っ越す。コロナ禍でオフィスを縮小していた企業は、まさにこの典型例です。売上高が減っていくスピードよりもコストを下げる方が速ければ、その差が利益となります。売上高だけを見れば元々利益が得られず赤字だった金額でも、黒字にすることができたのです。

「人員削減」も固定費を下げる手段です。 従業員を減らして人件費を下げるということですね。この仕組みがわかれば、ニュースで目にする人員削減の目的が理解できるようになります。

人員削減すると、それまでと同じ利益を確保するために必要だった売上高の基準が下がります。一時的に売上高が減ったとしても、人員削減によって利益を確保し、また売上高が戻ったときにそれまでよりも大きな利益を生み出すことができるのです。

私は四季報を読むときに **「構造改革」** という言葉に注目しています。そういうタイミングは損益分岐点がドンと下がったあとで、その後の利益の増加にレバレッジがかかるのです。構造改革は四季報の中でも時々しか登場しませんが、注目に値するキーワードなのです。

構造改革ですが、第4章でご紹介する会社四季報オンラインを使えば最新の四季報のコメントから検索することもできます。業績が悪化し、減益もしくは赤字になったあと、構造改革などによって業績を回復させ、株価が底値圏から上がっていく銘柄を「業績回復株」といいます。そのような銘柄に注目してみてもいいでしょう。

もちろん、構造改革の兆しを知れるのは四季報だけではありません。

日経新聞も2024年3月6日の記事で、「上場企業の早期退職の募集人数が2024年2月末時点で、23年通年を1割上回り3600人に達したことが分かった。インフレで持続的な賃上げが求められる中、企業は事業収益に合わせて雇用人員を適正化している。（中略）日本企業で構造改革に伴う雇用流動化が本格化してきた。」と報じています。

悪いコスト削減、良いコスト削減

ここまでコスト削減の良い側面を見てきましたが、**すべてのコスト削減がプラス**

に働くわけではありません。「悪いコスト削減」も存在するのです。

その代表例が**「賃金カット」**です。人員削減と同じく人件費を下げるための方法ですが、賃金カットの場合、従業員はいわゆる「飼い殺し」状態に陥り、モチベーションだけが低下する結果になりかねません。この場合、短期的には利益が増えたとしても、中長期的には悪影響になる可能性が高いでしょう。

経営上、意味のある人員削減とは「明らかな余剰の人員」を削減した場合です。これを見極めるためには、**「一人当たりの営業利益」**が参考になります。

例えば、私は１９９０年に野村證券に入社しました。当時はバブルのピークで私の同期入社は５５０人。大量採用の時代でした。しかし、のちにバブルが崩壊。私たちの代は明らかな余剰人員となりました。

とはいえ、社外から明らかな余剰人員に気づくのは難しいものです。そこで、一人当たりの営業利益に注目するのです。一人当たりの営業利益は営業利益を社員数で割れば算出できます。この数字で社員一人の稼ぐ力がわかるのです。

さらに、四季報には「比較会社」という項目があります。四季報編集部が独自に選考した、同業や類似業種の企業です。一人当たりの営業利益は業種によっても異なるため、この比較会社と比べて注目している企業の一人当たりの営業利益を考えてみるといいでしょう。

例えば、工場の自動化を中心とした制御機器や電子部品を扱うオムロンの一人当たりの営業利益を見てみましょう。

営業利益を社員数で割ると、1006億8600万円÷2万8450名＝約353万円。

これが、オムロンの一人当たりの営業利益です。

それでは、四季報でオムロンの比較会社を見てみます。三菱電機、安川電機、キーエンスが該当します。

３社の一人当たりの営業利益を計算すると、三菱電機＝約２２０万円、安川電機＝約５０９万円、キーエンス＝約４０２９万円となります。

オムロンの一人当たりの営業利益約３５３万円と比較すると、安川電機が良く見えますが、キーエンスの一人当たりの営業利益が群を抜いて良いことがわかります。キーエンスは営業利益率50％を超える日本を代表する高収益企業。金融を除く全産業の平均的な営業利益率は７％半ば。一般的には10％以上あれば優良企業と判断できるレベルです。しかも、キーエンスは平均年収が２０００万円を超えています。いかに高収益な企業かがわかるでしょう。

バランスシート（貸借対照表）をシンプルにマスターする

資産と負債がひと目でわかる

本章の最後に、「バランスシート（貸借対照表）」という企業の財政を理解する重要な概念を見ていきましょう。

バランスシートは、企業が保有するすべての資産と、調達方法を示す財務諸表です。

左ページの図がバランスシートですが……ひと目で理解するのは難しいものです。ここでは、順を追って解説していきます。

バランスシートの構造は、右と左に分けられた図で表されます。右側にはお金の調達手段が、左側にはお

バランスシートには何が記載されているか①

資産	負債
流動資産 ●現金・預金 ●売掛金 ●棚卸資産 ●有価証券　など	●銀行借入 ●社債 ●買掛金 ●退職金の手当　など
固定資産 ●土地、建物 ●機械設備 ●自動車 ●システム　など	**資本** ●資本金 ●利益剰余金　など

バランスシートには企業の資産にまつわるあらゆる数字が記載される。

金の運用手段が示されます。

まずは右側です。ここには、企業がどのようにして資産を調達したかを示します。調達手段は大きく分けて二つあり、自己資本と負債に分かれます。

- **自己資本**‥株式発行など自分で調達した資金と自分で稼いだ利益の合計
- **負債**‥銀行からの借入金や債券発行によって他者から調達した資金

例えば、50万円を自己資本として、残りの50万円を銀行やオートローンから借りて

バランスシートの左右に書かれていること

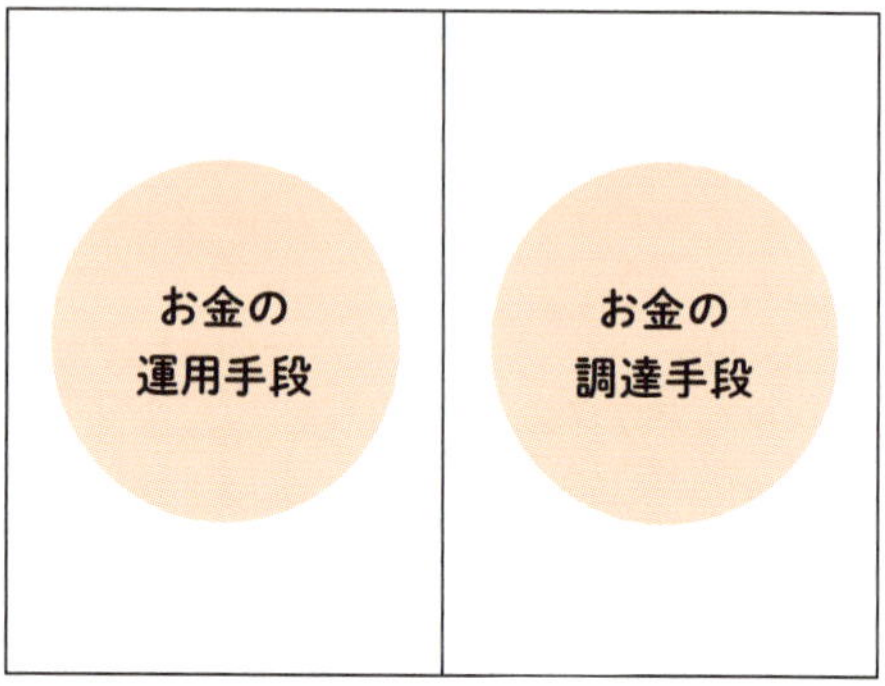

バランスシートには資産とその調達手段が書いてある。

１００万円の中古車を購入したとしましょう。右側には「自己資本（50万円）」と「負債（50万円）」が記載されます。

次に、左側に「自動車（１００万円）」と記載されます。なぜ左側の運用手段である総資産に「自動車（１００万円）」が記載されるかというと、自己資本50万円と負債50万円で調達された１００万円というお金が、自動車というものに置き換わって運用されているという考え方になるからです。

こうして左右の金額が均衡（＝バランス）するのでバランスシートといいます。

このように一つ一つのものが資産の部に記

100万円の自動車を買うと…

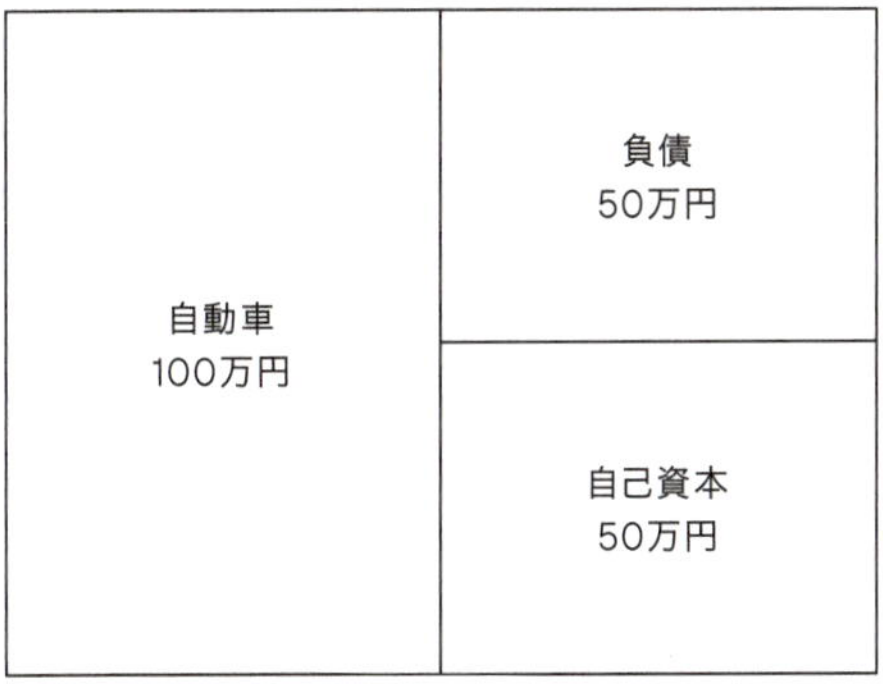

左右の金額が均衡（＝バランス）する。

載されます。

さらに資産は、流動資産と固定資産に分けられます。

- **流動資産**：現金や預金、売掛金、有価証券など、短期間（通常1年以内）で現金化しやすい資産
- **固定資産**：土地や建物、機械設備など、長期間（1年以上）保有して使用する資産。現金化までの期間が長い

例えば、先ほどの100万円の中古車のケースでは固定資産に計上されることになります。

このようにして、企業の資産とその調達方法がバランスシート上で均衡（＝バランス）することになります。

それでは、企業が利益を上げるとバランスシートの上ではどのように表記されるのでしょうか？

企業が利益を上げると、その増加分はバランスシートの右側にある「利益剰余金」に加わります。利益剰余金とは、企業がこれまでに稼いだ利益から配当金や役員賞与などの社外流出分を差し引いた残りの金額の累積額を指します。

少しイメージしづらいかと思いますので、個人のお金にたとえてみましょう。

個人が学校を卒業して会社勤めを始めるとします。学生時代のアルバイト代やお年玉などの貯蓄は、バランスシート上では「資本金」となります。

それに対して、給料は流動資産です。そして、給料から生活費などの必要経費を

バランスシートには何が記載されているか②

資産	負債
流動資産	●銀行借入
●現金・預金	●社債
●売掛金	●買掛金
●棚卸資産	●退職金の手当　など
●有価証券　など	**資本**
固定資産	●資本金
●土地、建物（本社）	●利益剰余金　など
●機械設備	
●自動車	
●システム　など	

除くと残るお金があります。それをコツコツ貯めていったお金が「利益剰余金」に当たります（ただし、企業における利益剰余金には現金以外も含まれます）。これが利益剰余金の基本的な概念です。

利益剰余金は、自己資本の一部として計上されます。

企業がさらに資金を調達する必要がある場合、株を新たに発行して資金を集めることができます。

新たに調達した資金は、システムの導入や本社の建設など、企業の投資に使われます。この資金はバランスシートの左側に計上され、例えば「システム」や「本社」として記載されます。また、現金として保持する場合は「現金」として左側に記載されます。本社は固定資産、現金は流動資産ですね。

自己資本比率30％以上を目安にする

だんだんとややこしくなってきましたか？

でも、安心してください。

投資経験が浅いうちは「自己資本比率」だけをチェックしておけば大丈夫です。

自己資本比率とは、企業の総資産に対して自己資本が占める割合を意味する数値です。先の自動車の例で考えてみましょう。50万円を自己資本として、残りの50万円を銀行やオートローンで借りて１００万円の中古車を購入しました。つまり、自己資本比率は50％です。

仮に、自己資本が10万円で、90万円を借りていたとしたら、自己資本比率は10％でした。

上場企業の自己資本比率の平均は約50％で、±20％の範囲に分布しています。これは約70％の確率で、自己資本比率が30〜70％の範囲にあることを意味します。自己資本比率が70％以上の企業は非常に健全とされ、全体の約15％しか存在しません。

とはいえ、ここは健全度の目安として**「自己資本比率30％以上」**と覚えてしまって構いません。

自己資本比率が高ければ高いほど、企業は財務的に健全であると見なされます。負債が少ないため、企業は外部からの影響を受けにくく、安定した経営が可能です。自己資本比率が高い企業は、自らの資金で事業を運営しているため、リスクが低く、利益も安定しているのです。

自己資本比率は、一般家庭に置き換えると重要性を理解しやすくなります。年収が高く、豪邸に住み、総資産額が3億円あったとしても、住宅ローンが2億500

0万円あるようであれば、その家庭の経済状況は健全とはいえません。企業においても、この考え方は変わらないのです。

自己資本比率は高ければいいというわけではない？

一方で、外国人投資家は自己資本比率が高いことを必ずしも好まない場合があります。自己資本比率が高いということは、手堅く経営し、利益を出しているということ。**彼らは、企業が負債を活用して事業を拡大し、利益を最大化することを期待します。**そのため借金を増やして投資を行い、事業を拡大することで株主の利益が増えると考えているからです。

実際のケースを見てみましょう。

例えば、ソフトバンクグループは積極的に借り入れをして、事業を拡大しています。自己資本比率は23・9％と低いですが、大規模な投資やファンド運営を通じて高いリターンを狙っています。このような戦略は高リスク高リターンであり、成功すれば大きな利益を生む一方で、失敗すれば大きな損失を被る可能性もあります。

一方、ファーストリテイリングの自己資本比率は57・４％です。

さらに、自己資本比率が高い企業として、信越化学工業が挙げられます。信越化学工業の自己資本比率は、82・７％と非常に高いです。

信越化学工業は塩化ビニール樹脂（塩ビ）や半導体のシリコンウエハーで世界シェア１位を誇る企業です。塩ビは、住宅の下水管や雨樋《あまどい》、電線の被覆などに使われ、日常生活に欠かせないものばかりで、シリコンウエハーは「信越化学工業がなければ半導体を作れない」とも言われるほどの力を持っています。

ただし、忘れてはいけないポイントがあります。

それは**一人の投資家として、何を重視するかの視点を必ず持つこと**です。

例えば、自己資本比率が高い企業は財務的に安定していて、リスクが低いと見なされます。しかし、自己資本比率が高いことが必ずしも「あなたにとって」良い投資先の条件であるとは限りません。投資家が100人いれば、100通りの銘柄の選び方があってもいいのです。

そもそも株式投資は損をする可能性があります。もし、損をするどころか企業自体がなくなって株が全くの無となることが許せないなら、健全性を第一にすべきでしょう。

一方で、リスクを取って大きなリターンを狙う投資家は、ソフトバンクグループのように、積極的に借金を活用する企業に魅力を感じるかもしれません。

次章では、投資を始める前に必ず押さえておきたい「心構え」や「情報」との向き合い方についてお伝えしましょう。

まずは、投資家として必ず持っておきたい「投資スタイル」という視点の話から始めます。

第4章

これだけは！株式投資の超原則

すべての投資家にとって
投資スタイルは超重要

代表的な5つのスタイル

あなたは「どんな株を買いたいか」について考えたことはありますか？

株式投資で利益を得るためには、さまざまな**「投資スタイル」**があるのです。

株価が短期間で大きく値上がりしてほしい。
資産として長期間保有できる株を知りたい。
リスクをできるだけ抑えて株を買いたい。

このように、投資スタイルは多様です。人によってさまざまで、そのスタイルを大事にして投資をするべきでしょう。中には利益を得ることを目的としない投資スタイルもあります。

例えば、株主優待を楽しみにする優待株、配当を重視する配当株、大企業の株である大型株、トヨタをはじめとする知名度の高い企業の優良株、割安株（バリュー株）、成長株、業績回復株、チャートで判断する株など、多くの投資スタイルがあり、それぞれ何を重視するかで企業のどんなポイントに注目すればいいのかが変わります。

ところが、株式投資の世界に足を踏み入れたばかりだと、どんな株があるのかがわからない人も多いものです。そこで、有望企業の株を次の代表的な5つに分けて紹介します。

1 中小型成長株
2 業績回復株
3 優良株
4 バリュー株
5 老舗株

1 中小型成長株　株価10倍も狙える企業

急速な売上高の伸びを期待できる中小企業の株が、中小型成長株です。大企業のような安定性はないものの、企業や事業の規模、時価総額が小さく、かつ今後の業績の伸びが期待できるからこそ、成長の余地があります。第1章でも触れたように、ソニーやソフトバンクグループなど、今や日本を代表するような大企業に成長した企業も、上場当初は小さな企業でした。多くの10倍株が生まれているのは、この中小型成長株です。

2 業績回復株　V字回復によって株価の上昇が期待できる企業

赤字、もしくはそれに近い状態から業績が回復する可能性のある企業の株が、業績回復株です。

経済が落ち込んだあとに出現するので、常に市場に存在するわけではありませんが、コロナ禍の影響から一時的に業績を下げていた企業が２０２３年以降、業績回復株として注目を集めました。10倍株にはならないまでも株価の伸びが期待できます。

「テンバガー」という言葉を生み出したアメリカの投資家ピーター・リンチも、「中小型成長株、業績回復株を狙うべきだ」と言っています。

3 優良株　強い稼ぐ力を誇るオンリーワン企業

稼ぐ力が強い企業の株を優良株といいます。

業績、売上高、利益や経営そのものが安定しており、着実な値上がりが期待できます。また、ポイントは「オンリーワン」であることです。独自の技術を持っているなど、他社が真似できない企業はライバルがいないため、安定的に利益を確保できます。

第2章で「独占」の強みを伝えましたが、まさに業界トップシェアを達成していたり、ニッチ市場の独占をしたりしている企業は優良株に該当します。

4 バリュー株　割安で値上がりが期待できる企業

株価が割安な株をバリュー株といいます。

「割安」の定義はさまざまあります。本書では、自己資本、現金、不動産などの資産の価値と照らし合わせて、株価が割安であることを指します。

手持ち資産が十分にあるのが特徴で、景気が思わしくない状態に陥った場合でも、値下がりし続けるリスクが少ないのです。あまり成長は期待できませんが、安心して買える点が投資家に評価されています。

5 老舗株　危機を乗り越える力を持った長寿企業

創業や設立から100年以上経った長寿企業の株を老舗株といいます。

戦争、バブル崩壊、市場再編など、数多の危機を乗り越えてきた確かな力と実績を持ちます。資産運用のために長く保有したい人に向いています。

「企業30年説」という言葉があります。これは企業の寿命を表す言葉で、実際に2023年の倒産企業の平均寿命は23・1年でした（東京商工リサーチ調べ）。

老舗株は１００年以上が条件というわけではありませんが、企業の平均寿命よりも数倍の年月を生き残ってきた背景は注目に値します。景気に左右されにくい商品やビジネスモデル、変化への適応性など、確かな力を持っています。

主観だけで判断してはいけない

近年、「推し」という言葉が定着しつつあります。元々は、アイドルファンを中心に使われていた「人に勧めたいほど気に入っている人やもの」という概念です。

投資スタイルという意味でも、業績や成長性を置いておいて、純粋に企業を応援したいという気持ちから、「推し銘柄」として株を買ってもいいでしょう。

ただし、株式投資で利益を得たいのであれば、それだけでは不十分です。

今でも時折思い出す、私の失敗談があります。

第1章で紹介した、私にとっての最初の10倍株になったつるかめランドを運営するシートゥーネットワークを見つける少し前のことです。

1998年、日本はデフレ経済に突入しました。デフレについては、第1章で説明しましたね。

今では当たり前のデフレですが、当時この言葉が世の中に出てきたとき、私を含めほぼすべての人が、「デフレとは何か」がさっぱりわかりませんでした。それまでの日本は、インフレは経験していましたが、デフレの経験がなかったからです（反対に、これまでデフレが長く続いたため、今の日本ではインフレがわからないという人が多いです）。

デフレ時代は、商品を安くすることで顧客を大量に集める、「単価下落×客数大幅増」の法則で売上高を伸ばす「デフレ銘柄」が評価されました。

当時は気づきませんでしたが、シートゥーネットワークもこの「デフレ銘柄」だったのです。

「驚安の殿堂」というキャッチコピーで知られるドン・キホーテ（パン・パシフィッ

ク・インターナショナルホールディングス）も、まさにデフレ銘柄でした。私の失敗というのは、このドン・キホーテに関するものです。

当時、野村證券で働いていた私はお客様にドン・キホーテの株を買ってもらいました。当時のドン・キホーテは5、6店舗ほどしかなかったのですが、たまたま私の出身校の近くに出店していたため、実際に店舗を見に行くことにしました。

ドン・キホーテに行かれたことのある方なら想像できるかもしれませんが、ドン・キホーテの陳列は独特です。天井近くまで商品を積み上げる「圧縮陳列」という手法をとっており、当時は今よりもさらに店内が狭く感じる陳列でした。私自身、閉所恐怖症ぎみということに加え、当時の店内は学園祭のお化け屋敷のように暗くて狭く、好印象を抱けなかったのです。その後、お客様にも売却を勧めました。

ところが……みなさんもご存じの通り、ドン・キホーテはその後大躍進を遂げます。株価も10倍以上になり、せっかくのチャンスをみすみす逃してしまったのです。

この失敗から学んだ教訓は、**自分の主観だけで判断してはいけない**ということ。先にお伝えした「推し銘柄」で、たとえどんな結果になったとしても企業を応援したいという気持ちが強いなら、主観だけで判断してもいいかもしれませんが、あくまでも利益を求めるなら主観だけでの判断はＮＧです。

「株式投資は美人投票」という言葉があります。これは経済学者のジョン・メイナード・ケインズが投資の本質を説いた言葉です。ケインズは投資を「たくさんの人が選んだ〝美人コンテスト〟の優勝者を当てるゲーム」と見立てました。

つまり、自分が美人だと思う人を主観で選ぶのではなく、客観的に「みんなが美人だと思っている人」を選ぶというものです。株では自分しか選ばない銘柄より、みんなの選ぶ銘柄の方が買う人は多いため株価が上がるということです。

投資スタイルは変わってもいい

投資スタイルは、一度決めたら変えてはいけないということはありません。投資家としてさまざまな経験をし、学びを深めて変わっていくのは至極当然のことです。

私自身は、元々はバリュー株投資家でした。ところがデフレが到来し、バリュー株は株価がなかなか上がりづらくなりました。株価が安いのは間違いないのですが、安く買えても高くなるきっかけがなかったのです。

その後、２０１５年あたりから10倍株の仕組みに気づき、それ以来、10倍株を見込める中小型成長株が好きになり、投資スタイルが変わりました。

振り返れば、ソフトバンクグループもファーストリテイリングもニトリもすべて中小型成長株のときから見ています。

さらに、中小型成長株の魅力に気づく前には大企業ばかり見ていたことから、サイバーエージェントやＺＯＺＯなどが上場したときも、当時の私はピンと来ず、スルーしてしまっていたのです。これらの銘柄はご存じの通り急成長したわけですが、今思えば、何度もおいしいところを逃しています。

この苦い経験もあり、今では新しい企業に注目しています。いつの時代も、野心的な企業が現れ、大企業になっていく。そのプロセスは変わらないからです。

また、優待株による株主優待を積極的に楽しんでいた時期もありました。「株主優待」とは、決算期末の一定株式数以上の株主に対して、配当とは別に自社製品や割引券、優待券、地元の特産品などが提供される制度です。テレビ番組に出演多数の桐谷広人氏でもお馴染みですね。

東京・丸の内に東京會舘という有名なレストランがあります。2004年3月のことです。「レストランは株主優待（期末に1万円相当の食事券）を軸に個人顧客開拓」というコメントを四季報で見た私は衝撃を受けました。

東京會舘の当時の株価は140円ほど。1000株で14万円の投資になりますが、それに1万円の食事券がつくということは、約7％の利回り換算となります。

その後も、SANKO MARKETING FOODSという個室居酒屋で初めて上場した企業の「2万円の食事券か精米10kgを一律で贈呈」という優待や、音楽事業会社のエイベックスが催す株主限定ライブなど、さまざまな優待を楽しみました。

株は絶対に「分散投資」

20銘柄への分散を目指す

株式投資における大原則があります。

それは**「分散投資」**です。

これは、リスク管理のための考え方です。**「株式市場は定期的に暴落があることが当たり前」**なのです。

株式投資をするときに、1社に全財産を投資する人がいますが、分散投資は株式投資の基本のキですから、複数銘柄に分散することだけは守りましょう。

これから投資を始めるとしても、最初から分散をしましょう。まずは1銘柄ではなく、**「最初から複数銘柄」**です。

30万円から始めても5銘柄くらいに分散できますし、10万円で始めても3銘柄くらいに分散できます。

分散投資は多ければいいというわけではありません。極端な話、分散しすぎるとインデックス投資（市場全体の動きを表す代表的な指数に連動した成果を目指す投資信託）と同じようになってしまいます。

私が主宰する複眼経済塾では、20銘柄ほどに分散することを勧めています。仮に同じ金額をそれぞれの銘柄に分けたとします。1銘柄が倒産してその価値がゼロになっても、全体への影響はマイナス5％程度です。また、もし一つの銘柄が10倍株になるほど大きく成長すれば、それだけで他の損失を補えます。

20銘柄というのは、個人が仕事や育児、家事などをこなしながら管理するのにも無理な数ではありません。逆にいうと、20銘柄だけで構成されている投資信託はあまり見かけません。

2種類の分散

分散には、①銘柄分散、②時間分散という2種類があります。

二つの分散は、どちらが良いという比較ではなく、どちらもやるべきものです。

銘柄分散

本書で「分散」と説明するときは、基本的には銘柄分散を表します。

先に説明したように、複数の銘柄に分けて投資するのが、銘柄分散です。

時間分散

「ドルコスト平均法」とも呼ばれる手法です。時間をかけて毎月一定額の株を買い付け、購入時期を分散することで価格変動リスクを低減させる効果があります。るいとう（株式累積投資）という、1銘柄につき1万円以上、1000円単位で設定できる手法も同様です。

時間分散は、自ずと長期投資によるリスク低減効果を期待できます。長期投資も株式投資において非常に重要な考え方です。次の節で見てみましょう。

株式投資は長期投資が基本

長期かつ目標を見失わないことが大事

前節では、分散についてお伝えしました。特に時間分散は、それ自体が長期間の投資となる方法です。そもそも株式投資には、「短期投資」と「長期投資」があります。

まずは、**株式投資は長期投資が基本**という鉄則を頭に入れてください。

人間ですから、誰しも大なり小なり欲を持っています。世の中には、数か月〜数年ほどで資産を何百倍にも増やした「億り人」と呼ばれる人がいます。彼らに憧れる気持ちも理解はできます。

しかし残念ながら、**短期投資で爆発的に資産を増やす方法には「再現性」がありません。**なぜなら、株式市場は常に生き物のように変化を続けているからです。

例えば、コロナ禍以前の２０１９年ごろを思い出してください。そのときにコロナ禍による混乱や株式市場の変化を予測できた人がいましたか？

コロナ禍以前に短期投資で成功した人の方法論は、コロナ禍の最中やコロナ禍明けの昨今において同じように通用すると思いますか？

つまり、**短期投資の成功は「タイミング×手法」が偶然合致したにすぎない**のです。手法は学べても、タイミングを再現することは誰にもできません。そのため、株式投資は長期投資が基本と私は必ずお伝えしています。

「長期」に明確な定義はない

長期投資の「長期」とは、どのくらいの期間を指すのでしょうか？

この期間に、明確な定義は存在しません。

私自身、10年単位で保有している株もありますし、早ければ3か月で売却するものもあります。

一つの目安としては、**3〜5年が景気が一回りするサイクル**として知られています。

そもそも景気というものは、好況と不況を交互に繰り返す性質があります。好況→後退→不況→回復→好況……といったように、循環していくのです。

サイクルの一つに、4年程度の周期の「キチンサイクル」があります。「短期循環」や「在庫循環」とも呼ばれるサイクルで、企業による在庫への投資と関わっています。企業は常に在庫を調整しています。在庫が多ければ生産を減らしますし、少なければ生産を増やします。このような在庫の増減は、取引先企業にも影響を及ぼします。そのため、経済全体の拡大や縮小につながるのです。

他に、10年周期の「ジュグラーサイクル」、20年周期の「クズネッツサイクル」、50年周期の「コンドラチェフサイクル」などもあります。詳しくは、拙著『プロ投資家の先を読む思考法』（ＳＢクリエイティブ）にもまとまっていますので、気になる方はご参照ください。

サイクルといっても特別なものではありません。身近なところでは、春夏秋冬という季節の巡りや、４年に一度のうるう年、十干十二支、還暦、20年に一度の伊勢神宮の式年遷宮など、私たちの暮らしにはサイクルがたくさんあります。

とはいえ、このサイクルを基準にするというのも、一つの考え方にすぎません。3～5年の間ずっと持ち続けなければならないわけではありませんし、極端な話、1か月後に株価が急激に上がって売りたくなれば売ってもいいのです。

年４回のチェックでＯＫ

長期投資が基本とはいえ、どれくらいの頻度で保有している銘柄をチェックすればいいのでしょうか？　日々の仕事や育児、家事などと個別株投資を両立できるのか、不安に思うことでしょう。

ここで、アメリカを代表する投資家の一人、「元祖テンバガー・ハンター」と称される投資家ピーター・リンチの言葉がヒントになります。ピーター・リンチは、1977年からの13年間、投資信託会社フィデリティの著名なファンドである「マゼラン・ファンド」の運用を担当し、その基準価額を約28倍に成長させた伝説的なファンドマネージャーです。

さて、これだけの成果を上げている投資家ですから、株式市場を常に見て、忙しく投資のことを考えているのでしょうか。

答えは「NO」です。

ピーター・リンチはこう答えています。

「株を買った企業は2、3か月に一度はチェックする」

もちろん、興味があれば小まめに株価をチェックしてもいいでしょう。それ自体は何ら悪いことではありません。

ただ、仕事や育児、家事など生活の多くの時間を割いてやるべきことがある読者は少なくないと思います。そうした人が仕事や育児、家事などの合間に時間を捻出することは難しいでしょうし、あまり気にしすぎても仕事に支障をきたしてしまいかねません。

「3か月に一度」というペースは、日本で投資をする上でも非常に理にかなっています。

後述しますが、株式投資の必須アイテムの一つに**四季報**があります。四季報は3か月に一度発行されています。そもそも企業の決算は、3か月に一度出ます。このタイミングで決算↓四季報をチェックするルーティンさえ確立してしまえば、あとは仕事に専念しようが、育児で子どもとの貴重な時間を大切にしようが、ずーっと寝ていようが、なんだっていいのです。

売るタイミングはストーリー次第

株を売るタイミングについても知っておきましょう。

再びピーター・リンチの言葉を引用します。**「売りどきは自分が考えていたストーリーが崩れたときである」**。どういうことでしょうか。

多くの人は、「株価が上がったら売る」「下がったら買う」と考えがちですが、これは私やピーター・リンチからすれば正しくはありません。先ほど、投資スタイルについて触れました。自分の投資スタイルによって、「この銘柄はこんなふうに成長していくだろう」というストーリーを描くはずです。

売るタイミングとは、そのストーリーが崩れたときなのです。

例えば、株主優待を楽しみにする優待株では、当初、「株主優待をもらう」というストーリーを立てているはずです。そのストーリーが崩れるというのは「優待制度が廃止されるとき」となります。

東京ディズニーリゾートを運営するオリエンタルランドの株主には、株主優待をストーリーにしている人が多いでしょう。もしオリエンタルランドが株主優待をやめれば、多くの株主にとってストーリーが崩れるわけですので、そのタイミングが売りどきです。多くの人が株を売却すれば、おそらく株価も下がるでしょう。

第2章で私が注目しているとお伝えした表示灯。「駅や商業施設にある案内板がデジタルサイネージになり、そこに広告が表示されるようになればさらに伸びるのではないか」というストーリーを描きましたが、もしも新事業者がそれよりも優れた案内板を作ったら独占が崩れ、ストーリー通りにいかなくなる可能性があります。

そういった意味では、どんなストーリーを描くのかということ、そのストーリーを忘れないことが重要です。ストーリーが続いているのか、続いていないとしたら何が起きているのか。それを理解するためにも、3か月に一度発売される四季報や四半期ごとの決算発表などで定点観測をしていきましょう。

必須の情報源を押さえよう

最強の情報源『会社四季報』

株式投資において、「最強のアイテム」があります。私はこれを使わずに株式投資をするなんて、あり得ないと思っています。

その最強のアイテムとは、**『会社四季報』**です。

ここで、いかに四季報が優れた本なのかをご紹介いたします。すでに四季報を手に取ったことのある人の中には、「そんなこと知ってるよ」と思われる基本情報もあるかもしれませんが、「四季報読破」を27年続け、歴代の編集長や編集部とも交流のある私だからこその視点もあります。

そもそも四季報は、東洋経済新報社から年に4回刊行される日本の全上場企業を取材・掲載している世界で唯一の出版物です。

その強みは、「継続性」「網羅性」「先見性」にあります。

継続性――歴史がわかる！

四季報は戦中・戦後の一時期を除き、現在まで約90年の歴史があります。つまり、最新の四季報を見れば現在の日本経済の状況がわかるのはもちろん、遡れば90年前の歴史や状況も詳細に理解することができるのです。

網羅性――企業と今がわかる！

本書執筆時点での最新号である2024年4集秋号では、3926社（全上場企業）の業績が掲載されています。**一国の全上場企業を網羅している出版物は、世界広しといえども四季報だけです。**

私は、四季報のことを「株のカタログ」とたとえています。一般的な商品のカタログと同じように、パラパラとページをめくりながら、どの銘柄を買おうかと考えることができる。それは、日本に四季報があるからこそできることなのです。

四季報から日本経済の全体像がわかる

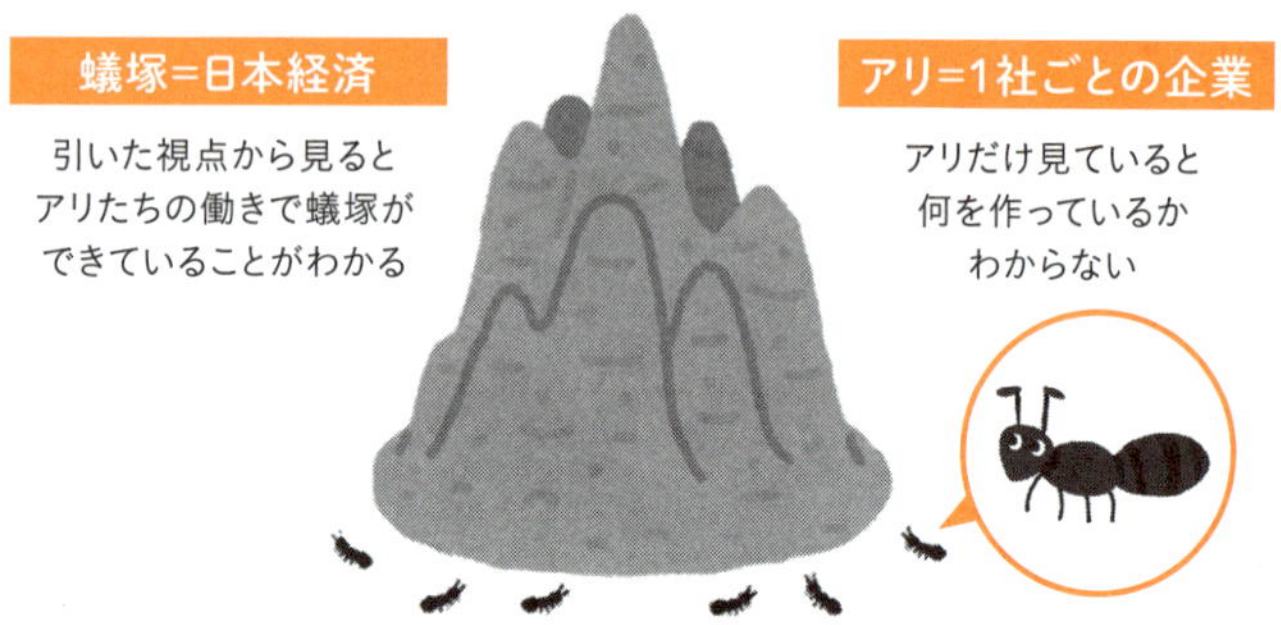

ミクロが積み上がるとマクロになる。

あなたは「蟻塚《ありづか》」をご存じでしょうか。

アリが掘り出した土を積み上げてできた塚状の巣のことです。一匹一匹のアリだけを見ていても、砂粒を運んでいるだけで何をしようとしているかはわかりません。しかし、視点を引いて全体を見てみると、小さな砂粒を積み上げて、大きな蟻塚ができていることがわかります。

この1匹ずつのアリを1社ごとの企業として見てみましょう。1社だけで見ると、その企業の動きや業績しかわかりませんが、それをすべて積み上げると、日本経済という全体像が明らかになってくるのです。ちなみにアリに当たる1社ごとの企業の動きを「ミクロ」、蟻塚に当たる全体像である日本経済を「マクロ」といいます。ミクロを積み上げるとマクロになるのです。

また、上場企業は業界の代表選手で、多くは海外を相手に事業を展開しています。**四季報を読むことで、そのような企業の動きを知れば、日本経済がわかるどころか、世界経済まで理解することができます。**まさにミクロからマクロが見えてくるのです。

「日本の上場企業の本なのだから、そこまではわからないのでは？」という疑問もごもっとも。ですが、わかるのです。

例えば、日本郵船や商船三井といった国際的な海上運送業の荷動きは、景気の先行指数（景気循環の転換点の兆候を早期に捉えるためのもの）になっています。この荷動きが鈍っていれば景気は悪くなり、活発になれば景気が良くなっていくとわかるのです。

先見性――未来がわかる！

2009年3月期から、上場企業は3か月ごとに決算を発表する「四半期決算制度」が義務付けられました。年に4回の決算発表は今では当たり前となりましたが、四季報はそのような慣習がなかった1936年の創刊当時から年に4回発行していました。これだけでも、優れた先見性を持っているといえます。

それに加え、全銘柄の来期予想を独自で掲載しています。こうした未来を見通す先見性は四季報創刊当時からの伝統ともいえるのです。

「四季報は当たらない」問題への結論

よく「四季報の予想は当たらない」と言う方がいらっしゃいます。それはそれで一つの見方なのかもしれませんが、私はそもそもの視点が違うのではないかと思うのです。

四季報は当たるか当たらないかで見るものではありません。

活用するかどうか、が大切なのです。

四季報が網羅している約3900社の業績を一個人が予想することは100％不可能です。

ところが四季報編集部では、120名を超える記者が全上場企業を担当して取材をしているそうです。1年間四季報を読むと、120名分の叡智《えいち》が得られるのです。私の場合、27年四季報を読破し続けていますから、120名×27年＝3240年分の叡智を得ている。裏を返せば、**3000年分生きている**と言っても過言ではないのです。

だからこそ、四季報は当たる・当たらないの視点で見るのではなく、どのように読んで、どのように活用するか。それが試されているのです。

四季報は紙とオンラインのハイブリッド

四季報の力を100％利用するなら、紙の四季報とウェブ版の**「会社四季報オンライン」**を併用することを強くおすすめします。

オンラインにはこれまでの四季報の大量のアーカイブが残されています。例えば、過去の記事を見ていくことで、今では想像もつかない、トヨタが倒産危機に陥ったときやそこからの回復の過程を確かめることもできます。

さらに、**ポイントは「併用」というところ**です。

これは、書店での買い物とネット書店での買い物に似ています。Amazonや楽天ブックスなど、ネット書店での買い物は便利です。お目当ての本をすぐに買えます。しかし、本をインターネットだけで買うのはもったいないのではないでしょうか？実際に書店に足を運ぶと、全く知らなかった本との出会いが期待できます。

観光でも同じです。観光名所のみをスポットで回るのも効率的で楽しいものですが、電車やバスを乗り継いだり、歩いて観光名所に向かったりすることでしか得られない思い出もあります。

おすすめは、**紙の四季報は毎号購読し、最新号のみ手元に置き、それ以前の号の情報はオンラインで閲覧するスタイルです。**私の25年以上の「四季報読破」の経験から、これが最強のスタイルであると自信を持っておすすめできます。

TDnetで決算短信に目を通す

一昔前までは、個人投資家にとって決算数字は手に入れづらいものでしたが、インターネットの普及によって簡単に見ることができるようになりました。

会社四季報オンラインと同じく、インターネットで必ずチェックしたいサイトがあります。**「TDnet 適時開示情報閲覧サービス」**です。このサイトでは、企業の決算発表の内容をまとめた「決算短信」を確認できます。

私は毎日目を通していますが、**決算短信が出たタイミングで最低でも自分が保有している銘柄に関連する情報は確認しましょう。**例えば、約6割を占める3月決算期の上場企業については、5月、8月、11月、2月に本決算や四半期決算の決算短信が出てきます。そのタイミングを利用して一覧を見ているだけでも他の銘柄に目を通すことができて有益です。

また、決算短信はすべての情報に目を通すのが望ましいですが、とりあえずは業績数字がまとまっている1ページ目をしっかり確認してみましょう。

なお、各企業のホームページや証券会社が提供する情報サービスを使って数字を確認してもいいと思います。

正反対の情報を取り入れる

金融関係の情報は、どうしてもその質が偏りがちになってしまいます。

例えば、『ガイアの夜明け』（テレビ東京）で企業の成長ストーリーを見て、『Newsモーニングサテライト』（テレビ東京）で日々の最新情報を追い、日経新聞や『日経ビジネス』を読む。これらの情報源からの情報は、確かに信頼できるものでしょう。ただこれらはすべて日経新聞系になりますので、日本経済新聞社による情報から出られません。

例えば、新聞であれば、私が実践している日経新聞と東京新聞の併読といったように**正反対の視点を持つ媒体に目を通す。**こうした意識を持つことが大事だと思います。

ちなみに私は、「世界の謎と不思議に挑戦するスーパーミステリーマガジン」というキャッチコピーを掲げる『月刊ムー』を愛読しています。これも、株式投資の世界とは正反対の情報源です。

情報収集の原則は、「絞り込み」です。

情報を得ようとすると、つい広げることばかり考えてしまいがちです。ですが、あまりに広げすぎると何を信じたらいいかがわからなくなってしまいます。

信じるべきは、自分が描いたストーリーです。投資家は自立していなくてはいけません。例えば、SNSであればたくさんの人をフォローして情報を得ようとするのではなく、信頼できるメディアや人に絞り込みます。「SNSは発信するもの」と決めてしまってもいいくらいです。

次章からはいよいよ銘柄をどのように分析すればいいのか、私の長年の研究と複眼経済塾での塾生との研鑽《けんさん》から体系化した方法をお伝えします。

第5章

今日から
お宝銘柄を見つけられる
8つの視点

お宝銘柄を見つけられる8つの視点

108冊読破の知見を8つに完全凝縮!

第3章、第4章では売上高や利益、投資スタイル、情報源など、株式投資の上で最低限必要な知識をお伝えしました。

いよいよ本章では、銘柄を分析する視点を身につけていただきます。

といっても、すべてを丸暗記していただく必要はありません。8つのステップに分けてお伝えしていますし、左ページにまとめていますので参考にしてください。

1 定性評価――企業の強みを見極める
2 健全性――財務の状況を見極める
3 継続性――企業が今後も存続できるか？
4 業界の売上高と利益規模――正しい物差しを手に入れる
5 企業の売上高と利益規模――成長性と稼ぐ力
6 配当利回り――株主還元か成長か
7 チャート――株価の動きを把握する
8 バリュエーション――「割安」の罠に騙《だま》されてはいけない

これらの情報は四季報を見ることで把握できます。四季報でなくても確認できる情報もありますが、情報の網羅性においては四季報が優れていますので、本章では四季報をベースに説明をしていきます。

①

定性評価
企業の強みを見極める

まずは企業の自己紹介を見る

あなたが今、就職活動や転職活動をしているとしたら、企業のどんなところを見ますか？　年収や企業の所在地、転勤の有無など、さまざまな確認するべきことがあると思います。

おそらくほぼすべての人が見る情報があります。それは、**「何をやっている企業か」**でしょう。

企業の事業内容や特色を判断することを**「定性評価」**といいます。当たり前のように思えるかもしれませんが、実はこの定性評価はバカにできません。そもそも何をやっている企業なのか、今どういう状況を迎えているのか。これらはいわば、「企業の自己紹介」と

四季報のブロック分け

特に注目するべきブロックは
A、B、E、J、N。

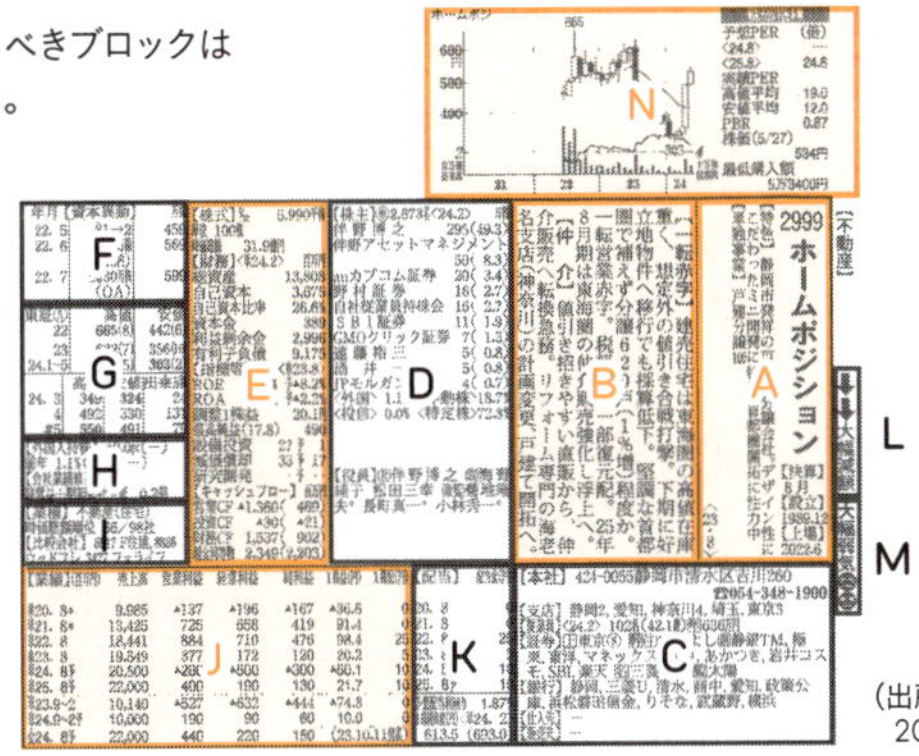

（出所）会社四季報
2024年3集夏号

もいえる内容です。

さて、この定性評価ですが、四季報を見ると簡単に把握することができます。定性評価のために見るべきポイントは、次のＡ、Ｂ、Ｄブロックです。

証券コード、企業名

Ａブロックで一番目立つ表記が「証券コード」と「企業名」です。

証券コードとは、証券コード協議会が日本の上場株式や上場証券などに設定する識別コードのことをいいます。番号は原則、業種別に決まっています。１３００番台【水産・

農林】から始まり、1500番台【鉱業】、1600番台【鉱業（石油／ガス開発）】、1700〜1900番台【建設】など、「重いイメージ」の業種が並んでいます。
2000番台【食品】、3000番台【小売業】【繊維製品】など、日頃の生活でも社名を目にしやすい企業が登場します。その後は、4000番台【化学・薬品】、5000番台【資源・素材】、6000番台【機械・電機】、7000番台【自動車・輸送機】、8000番台【金融・商業】、9000番台【運輸・通信・放送・ソフトウェア】となっています。

ただし2024年1月から証券コードに英文字が入るようになりました。それまでは、1301極洋の次に1332ニッスイと【水産・農林】の同業種の企業が並んでいたのですが、現在の四季報では、極洋の次に130A Veritas In Silicoという【医薬品】が入っていますので、これからは証券コードの考え方が大きく変わる可能性があります。

また、【上場】の欄には株式市場に上場した年月が記載されています。例えば、1

69ページで中小型成長株を選んだ方に注目していただきたいのは、**上場から5年以内かどうか**です。

第3章で見たように、上場の目的はより多くの人に企業の株を買ってもらい、資金を集めることです。上場して間もないということは、上場によって得た資金で売上高や利益を伸ばす目的があるのです。

人間と同じように、企業もどんどん成長していきます。やがて成長のスピードは緩やかになり、成熟していくところも人間と同じです。成熟から成長へと再び新しいビジネスに挑戦するためには資金が必要であり、「上場から5年以内」とはその成長へのステップアップの兆しを見る上で適しているのです。

強みやポジティブワードを特色欄から把握する

企業の強みを手っ取り早く理解するなら、【特色】欄に注目しましょう。

「世界首位」「業界首位」「シェア○割」「独自技術」などのポジティブワードは見逃

せません。ここは第2章の「独占を見つける」とも近い考え方ですね。

さらに、【海外】欄には、連結海外売上比率もしくは、地域別売上高の日本以外での売上比率が記載されています。

第2章でもお伝えした通り、先進国の当たり前を新興国でも広めることができると売上高は増加します。別の言い方をすると、市場のグローバル化が売上高を増加させるのです。

海外売上比率は「50%」前後が要注目です。なぜなら、50%を超えるタイミングは国内企業がグローバル企業へと転換する時機だからです。それゆえに今後も成長が期待され、その期待感が投資を呼び込み、株価を上げていくのです。

「記者の目線」で企業を見る

Bブロックには、四季報編集部の記者目線での「コメント」が掲載されています。

正式には、「業績予想記事・材料記事欄」といいます。

Bブロック二つの見出し

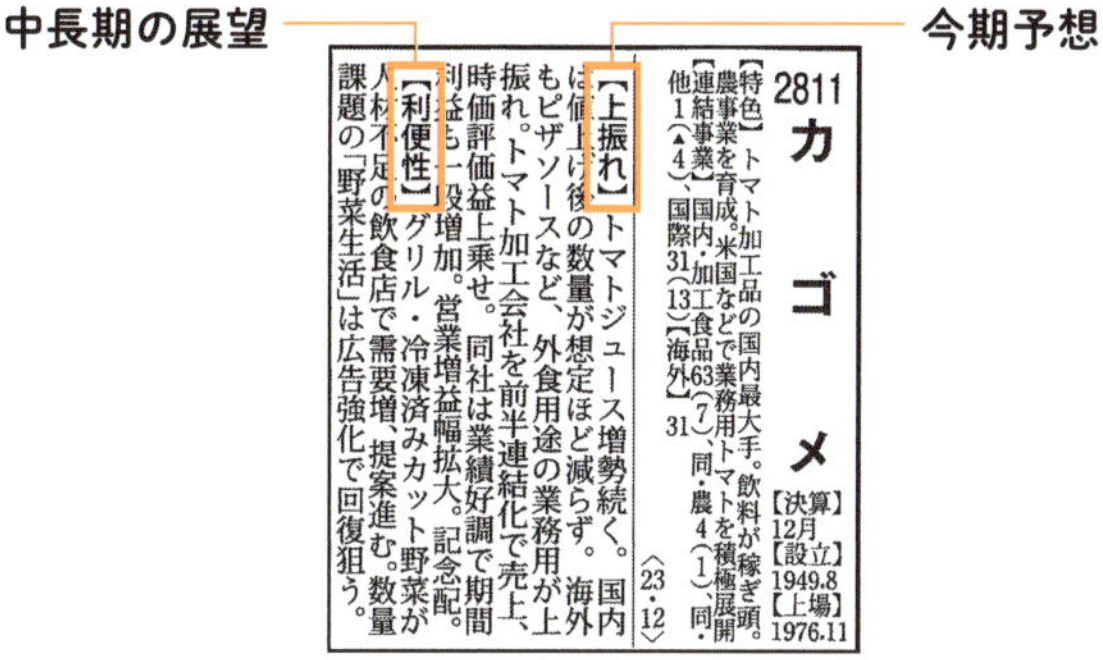

2811 カゴメ
【決算】12月【設立】1949.8【上場】1976.11
【特色】トマト加工品の国内最大手。飲料が稼ぎ頭。農事業を育成。米国などで業務用トマトを積極展開
【連結事業】国内・加工食品63(7)、同・農4(1)、同・他1(▲4)、国際31(13)【海外】31〈23・12〉
【上振れ】トマトジュース増勢続く。国内は値上げ後の数量が想定ほど減らず。海外もピザソースなど、外食用途の業務用が上振れ。トマト加工会社を前半連結化で売上、時価評価益上乗せ。同社は業績好調で期間利益も一段増加。営業増益幅拡大。記念配。
【利便性】グリル・冷凍済みカット野菜が人材不足の飲食店で需要増、提案進む。数量課題の「野菜生活」は広告強化で回復狙う。

短期～中長期の展望をひと目で見られる。

(出所)会社四季報 2024年3集夏号

ここには、二つの【見出し】があります。一つ目は「今期予想」で短期的な話、二つ目は「中長期の展望」で中長期のトピックとなっています。

このコメントに対する評価は直感で構いません。

例えば、「超繁忙」というキーワードが入っていたとします。「仕事がたくさんあって忙しい」というポジティブな捉え方もできますが、「すでに手いっぱいで、これ以上の成長の見込みは期待できない」というネガティブな捉え方もできるからです。

参考までに、次のページによく見られるコ

メントをまとめました。この表は、過去の四季報に掲載されたコメントのイメージ図を再構成したものです。

コメントのイメージ図

イメージ	過去実績との比較 利益が対象	過去実績との比較 配当が対象	四季報前号との比較 利益が対象
プラスイメージ	【絶好調】【連続最高益】	【連続増配】	【独自増額】
	【飛躍】【最高益】	【増配か】	【増益幅拡大】
	【続伸】【急伸】	【増配】	【上振れ】
	【連続増益】【大幅増益】	【復配か】	【上方修正】
	【急拡大】【V字回復】		【増額】
	【急回復】【急反発】		【大幅増額】
	【高水準】【好調】	【記念配】	【一転黒字】
	【好転】【復調】	【復配も】	【減益幅縮小】
	【増益】【堅調】	【増配も】	
	【微増益】【小幅増益】		
中立的	【底入れ】【底打ち】		
	【鈍化】【伸び悩み】		
	【横ばい】【下げ止まり】		
マイナスイメージ	【微減益】【小幅減益】	【無配も】	【増益幅縮小】
	【減益】【軟調】	【減配も】	【一転赤字】
	【下降】【反落】		
	【減収減益】【赤字続く】	【無配続く】	【大幅減額】
	【均衡圏】【続落】	【無配】	【下方修正】
	【急悪化】【急反落】	【無配か】	【減額】
	【急落】【ゼロ圏】	【減配】	【下振れ】
	【不透明】【大幅減益】	【減配か】	【減益拡大】
	【大赤字】		

（出所）複眼経済塾

オーナー企業かどうかをチェックする

Dブロックに注目すると、その企業の経営体制がわかります。ここは、私が10倍株探しのポイントとして欠かさずチェックしています。

ここで見るべきポイントは、**「オーナー企業かどうか」**です。

オーナー企業とは、創業者もしくはその一

Dブロックからオーナー企業か判断

【株主】(単)4,067名<24.2>　万株

吉村元久	692	(28.9)
日本カストディ信託口	218	(9.1)
㈱ＭＹ	190	(7.9)
日本マスター信託口	142	(5.9)
国分グループ本社	118	(4.9)
山口貴弘	108	(4.5)
ゴールドマン・サックス・インターナショナル	80	(3.3)
BNY・GCMクライアントJ PRDISGFEAC	76	(3.2)
J T	55	(2.3)
ノムラノミニーズ・オムニバスマージンキャッシュPB	46	(1.9)

<外国>14.4%　<浮動株>9.4%
<投信>15.7%　<特定株>73.4%

【役員】(代取)吉村元久　(取)安東俊 河野彰範 高田素行* 大竹博幸* (常監)吉田武士* (監)池田淳* 雷蕾*

【連結】楽陽食品，ヨシムラ・フード，マルキチ，ワイエスフーズ

オーナー企業は創業社長や創業家が強いリーダーシップを発揮していることが多い。

（出所）会社四季報 2024年3集夏号

族が経営の実権を握っている企業のことです。

【役員】欄を見て、そこに記載されている上位2名（会長や社長が多い）の名前が【株主】欄の上位株主にあるかどうかで見分けられます。

例えば、ヨシムラ・フード・ホールディングスを見ると、代表取締役ＣＥＯである吉村元久氏が、筆頭株主ですのでオーナー企業であることがわかります。

複眼経済塾調べでは、**これまでに10倍株になった銘柄の70〜80%がオーナー企業です。**

オーナー企業は、ワンマン経営に陥るリスクもありますが、大きなメリットもあります。

それは迅速な意思決定です。上場したての

企業の場合、創業者の保有比率が50％以上を占めるケースがあります。こうした企業では、事業が軌道に乗っているときはトップダウンで迅速に意思決定が行われます。その結果、他社に先んじて市場を制することができるのです。

ちなみに、創業者の資産管理会社が筆頭株主になるケースもあるため、社長（会長）の名前と株主に記載されている表記が一致しない場合もあることを覚えておきましょう。

②

健全性

財務の状況を見極める

健全度の目安は自己資本比率30％以上

企業の財務状況が健全かどうか。「健全性」がいかに重要かは、株式投資の経験がなくても感覚的にご理解いただけるでしょう。

一般家庭で考えてみましょう。高い年収を得て、大きくて立派な家に住んでいる人がいるとします。その人の総資産額は3億円です。ところが、住宅ローンが2億5000万円あったとしたらどうでしょう？　その家の経済状況は決して「健全」とはいえません。

企業もこれと同じで、A、Bブロックで見える特色から企業の特徴・強みがどんなに魅力的に感じられたとしても、財務上の健全性が確保できていなければ投資先としては向かないのです。

そこでまず、企業の**「自己資本比率」**を見ましょう。自己資本比率はEブロック【財務】欄に掲載されています。健全度の目安としては、30％以上は欲しいところです。私は「50％±20％」を妥当な数値だと考えていて、次のように評価しています。

自己資本比率と健全性

70％以上	◎
50％以上70％未満	○
30％以上50％未満	△
30％未満	×

PBR0・8倍以下を基準に見る

ここで、**「PBR（株価純資産倍率）」**という指標を見てみましょう。

自己資本比率に続いてPBRを見るのには、理由があります。それは**「資産価値に対して株価が安いかどうか」**を測れるからです。別の表現を使うと**「バリュー株かどうか」**がわかります。

168ページの「投資スタイル」のところでも登場した「バリュー株」ですが、ここで定義をおさらいしておきましょう。

バリュー株とは「割安株」とも呼ばれ、企業が生み出している利益や保有資産などに対して、株価が低い状態にある銘柄を指します。「バリュー」の定義によっても見方が変わるのですが、本書では自己資本に対して、株価が割安な「資産バリュー株」を指します。ちなみに、バリュー株の反対は「グロース株」です。

バリュー株には、条件があります。その条件とは、次の三つです。

1　自己資本比率70％以上
2　PBR0・8倍以下

3 株価上昇を期待できる「カタリスト」がある

1の自己資本比率は先ほどお伝えしました。
また、3のカタリストについては、本章253ページでお伝えします。
ここでは、2のPBRを見ていきましょう。

PBRとは、Price Book-value Ratioの略で企業の資産内容や財務状態を元に株価水準を測る指標です。

PBRが0・8倍以下ということは、1株当たりの純資産に対して、株価が0・8倍以下の水準にあることを意味します。

純資産とは、自己資本のことです。純資産に対して、株価がどのくらいの水準なのかがPBRでわかります。

企業が解散するときを例に考えてみましょう。PBRが1倍であれば純資産を株主で分けると、投資金額と同等の資産が手元に返ってきます(理論上の話ですが)。

1株純資産

【配当】	配当金(円)
20. 8	0
21. 8	0
22. 8	25
23. 8	5
24. 8予	10
25. 8予	10
予想配当利回り	1.87%
1株純資産(円)<単24. 2>	
613.5	(693.0)

Kブロック下部に記載されている。

(出所)会社四季報 2024年3集夏号

PBRが1倍を下回っているものはどうでしょうか。企業が解散したとき、投資金額以上の資産が返ってきます。資産に対して株価が割安というのは、こういう理屈なのです。

PBRは次の計算式で割り出せます。

PBR（倍）＝株価÷1株当たり純資産（BPS）

1株当たり純資産（BPS）は、Kブロックに「1株純資産」として記載されています。

③

継続性

企業が今後も存続できるか？

企業の生命維持装置

少し重たいたとえになりますが、「人間にとっての死」とはどういう状態だと思いますか？　生物学的には、心臓が止まり、呼吸がなくなり、脳の働きが完全に停止した状態を指すでしょう。

それでは、「企業にとっての死」とはどんな状態でしょうか？　それは、資金繰りがうまくいかず、お金のやり取りができなくなり、破産する状態です。第1章で私は、経済上のお金のやり取りを人間の血液にたとえました。心臓が止まり、血液が巡らなくなると人間が死ぬように、企業もお金のやり取りが止まると死んでしまう（破産してしまう）のです。

そういった意味で、四季報のＥブロック【キャッシュフロー】欄を私は**「生命維持装置」**と見ています。

「お金の入りと出」に問題はないか？

キャッシュフローとは「お金のやりくり」のことです。「お金の入りと出」ともいえます。

なぜ、キャッシュフローを理解しなければならないのか。

それには次の二つの理由があります。

1 企業が続くか、継続性がわかるから
2 企業の業績とキャッシュフローというお金のやりくりは、一致しないことがあるから

この2点を理解するために、まずは2種類のキャッシュフローを理解しましょう。キャッシュフローは**「営業キャッシュフロー」**と**「投資キャッシュフロー」**に分けられます。お好み焼き屋さんの経営を例に考えてみましょう。

営業キャッシュフロー

営業キャッシュフローは、本業に関わるお金の収支です。もう少しわかりやすい表現をすると、「現金の入りと出のやりくり」のことです。

お好み焼き屋さんでお好み焼きを売ると、現金がお店に入ってきます。お好み焼きの原材料費を業者に支払うと現金が企業の外に出ていきます。この入ってくるお金と出ていくお金の差し引きが、営業キャッシュフローです。

営業キャッシュフローは当然プラスが望ましいです。プラスを大きくするには、売上高の現金回収を早くし、コストである支出を少なくすることが重要です。

ところが、仮に1万円分のお好み焼きが売れたとしても、原材料費にこだわりすぎて2万円かかってしまうと営業キャッシュフローはマイナスに……。これではお店は続かない……と思いきや、それでもお店を続ける方法があるのです。その方法は後ほどお伝えします。次に投資キャッシュフローです。

投資キャッシュフロー

投資キャッシュフローは、投資活動における投資と回収のお金の流れです。お好み焼き屋さんでいえば、鉄板や冷蔵庫を買ったり、お店のさまざまな備品を購入したりする必要があります。このように投資にお金を回せば投資キャッシュフローはマイナスに、反対に設備や工場を売れば投資キャッシュフローはプラスになりますが、その差し引きが投資キャッシュフローです。

企業は成長のために投資をし続ける必要があります。そのため、投資キャッシュフローはマイナスでもよいのです。

営業キャッシュフローと投資キャッシュフローを足したものを「フリーキャッシュフロー」といいます。フリーキャッシュフローは四季報には記載されていませんが、とても大事なものです。フリーキャッシュフローは、営業キャッシュフローの中から、必要な投資である投資キャッシュフローを差し引いても残るお金であり、非常に自由度が高いため「フリーキャッシュ」と呼ばれます。戦略的かつ機動的に使える「虎の子」になるため、プラスになっているかを確認しましょう。

ここで、営業キャッシュフローの説明で「マイナスでもお店を続ける方法がある」とお伝えしたことがつながります。

その方法というのが、**「財務キャッシュフロー」**です。

財務キャッシュフローは、現金の「調達（収入）」と「返済（支出）」の流れです。銀行からお金を借りる、株式を発行して資金を調達する、そのようにして現金が入ってくると財務キャッシュフローはプラスになります。反対に、借入金の返済などで銀行にお金を返したりすれば現金が出ていくため、財務キャッシュフローはマイナスになるのです。

先ほどの営業キャッシュフローがマイナスのケースですが、さらに投資キャッシュ

CF（キャッシュフロー）一覧表

	CFの意味	意味	プラスの場合	マイナスの場合
①	営業キャッシュフロー	本業の「収入」と「支出」	○ 本業の収入がある	本業の現金収入がない
②	投資キャッシュフロー	投資活動の「投資」と「回収」	投資回収期	○ 投資期
①＋②	フリーキャッシュフロー	自由に使えるお金（営業CF＋投資CF）	○ 自由に使える現金がある	× 現金が不足しているため調達が必要
③	財務キャッシュフロー	資金の「調達」と「返済」	資金を調達している	○ 資金の返済をしている

理想は営業CFプラス、投資CFマイナス、フリーCFプラス、財務CFマイナス。

シュフローもマイナスとなると、手元にはお金がないだけでなく、借金もある状態になりますが、それを埋めるのが銀行からの借り入れなどの財務キャッシュフローです。

ただし、借金は返した方がいいもの。だから、財務キャッシュフローはマイナスが好ましいのです。

それぞれのキャッシュフローの組み合わせはいろいろありますが、一般的には営業キャッシュフロー（プラス）、投資キャッシュフロー（マイナス）、フリーキャッシュフロー（プラス）、財務キャッシュフロー（マイナス）がきれいな組み合わせと考えてよいでしょう。

キャッシュフローを見れば、危険な経営状態にも気づける

世の中には、定性評価と健全性が良くても継続性の良くない企業があります。健全性が高ければ、企業の設備や工場など何かしらを売却して存続することができます。しかし、そうではないケースもあるのです。

「黒字倒産」という概念があります。株式投資や企業経営に詳しくない方にとっては、黒字と倒産という正反対にも思える言葉の組み合わせに違和感を覚えるかもしれませんね。

新興不動産などに多いのですが、**売上高や利益からは健全に見えるけれども、営業キャッシュフローがマイナスで、なおかつ財務キャッシュフローがプラスになっている状態は要注意です。**事業は継続していますが、銀行からの借り入れだけで操業しているわけで、銀行が融資をストップした瞬間に破綻します。出血多量の人に

輸血をしている状態、つまり、輸血が続いているうちは生きていますが、輸血がストップした瞬間に亡くなってしまうのと同じです。

企業以外の例でたとえると、このようになるでしょうか。

ローンを組んでものすごく豪華な家に住んでいても、本業がうまくいかなくなって収入がなくなり、家を売却することになった。

毎晩のように飲み歩き、気前よく後輩に奢《おご》り、ボーナス時にまとめて返済するつもりでツケ払いにしていたが、ボーナスがゼロになり返済不能になって資金繰りで行き詰まった。

こうした状態をしっかり見極めるためにも、キャッシュフローをチェックしましょう。

④
業界の売上高と利益規模
正しい物差しを手に入れる

業界の平均を把握する

カゴメ、ピエトロ、和弘食品。これらはいずれも食料品の上場企業です。この3社がそれぞれ食料品業界の規模の平均を上回っているか、下回っているか、あなたにはわかりますか?

「カゴメはテレビCMでもよく見るし、上回っていそう」「ピエトロはドレッシングが有名」など、身近に感じられるかもしれませんね。

ところが、和弘食品はどうでしょうか。この企業は業務用のラーメンスープや麺つゆなどを主に取り扱っているため、一般的な消費者にはあまり馴染みがありません。

企業の規模感を把握することは、投資においてとても大切なことです。

そこで使えるのが、四季報の巻頭に載っている「【業種別】業績展望」です。業種別に上場企業の業績集計表が掲載されています。

例えば、2024年3集夏号の【食料品】であれば、118社の売上高合計は31兆8364億円、同営業利益合計は2兆5389億円と記載されています。

さらに、製造業の業種別で売上高を大きい順に見ると、輸送用機器、電気機器、化学に続く数字ですので、製造業としては4番目に大きな産業ということがわかります。またこれらの数字を使って業界平均の売上高や営業利益、営業利益率を計算すると、業界内の各企業の規模を知ることができます。

上場食料品の売上高の平均＝31兆8364億円÷118社＝2698億円
上場食料品の営業利益の平均＝2兆5389億円÷118社＝215億円
上場食料品の営業利益率の平均＝2兆5389億円÷31兆8364億円×100
＝8.0％

ちなみに、先に挙げたカゴメ、ピエトロ、和弘食品の3社の今期予想の売上高、営業利益、営業利益率の平均は次のようになっています。

カゴメ

売上高　2960億円
営業利益　320億円
営業利益率　10・8％

ピエトロ

売上高　109億円
営業利益　4億円
営業利益率　3・7％

和弘食品

売上高　　１７３億円
営業利益　18億３０００万円
営業利益率　10・６％

こうしてみると、カゴメは大企業のように思えますが、売上高は上場食料品企業の平均金額をちょっと上回る程度ということがわかります。ピエトロ、和弘食品はかなり規模が小さい、つまり中小企業ということがわかると思います。

⑤

企業の売上高と利益規模 成長性と稼ぐ力

ポイントは売上高と営業利益

業界の売上高を把握したら、いよいよ個別の企業ベースで売上高の規模を見ていきましょう。

「数字」に対して苦手意識を持ってしまう方もいるとは思います。ですが、ここは超シンプルに考えてみてください。

見るべきポイントは、たった二つだけ。**売上高と営業利益**です。

Jブロックを見てみましょう。

左から売上高、営業利益、経常利益（会計基準によっては税前利益）、純利益と記載されています。これらの

Jブロック

【業績】(百万円)	売上高	営業利益	税前利益	純利益	1株益(円)	1株配(円)
◊21.12	189,652	14,010	13,880	9,763	109.4	37
◊22.12	205,618	12,757	12,557	9,116	105.1	38
◊23.12	224,730	17,472	16,489	10,432	121.2	41
◊24.12予	296,000	32,000	31,500	21,000	243.8	52記
◊25.12予	310,000	29,000	28,500	19,000	220.6	42~52
◊23.1~6	105,323	8,911	8,679	5,189	60.3	0
◊24.1~6予	140,000	18,000	17,800	12,000	139.3	0
◊23.1~3	48,009	3,415	3,378	2,033	23.6	
◊24.1~3	67,378	15,134	14,379	11,773	136.7	
会24.12予	296,000	32,000	‥	21,000	(24.4.26発表)	

売上高から成長性、営業利益から稼ぐ力がわかる。

(出所)会社四季報 2024年3集夏号

数字は損益計算書の一部を抜粋したもので、それぞれの違いは第3章でお伝えした通りです。概念として理解しておくことは、今後のあなた自身の投資生活のためになりますが、**企業の「成長性」「稼ぐ力」を知るには売上高と営業利益だけで十分**なのです。

第3章のおさらいですが、売上高はものを売ったときに入ってくるお金です。そこから原材料費などを差し引くと売上総利益(粗利)となり、さらに販管費(広告費や人件費など)を差し引くと営業利益になります。

基本的に、商売はここまででも十分成り立ちます。そのため、売上高と営業利益だけに注目すればいいのです。

6つの数字から成長性と稼ぐ力がわかる

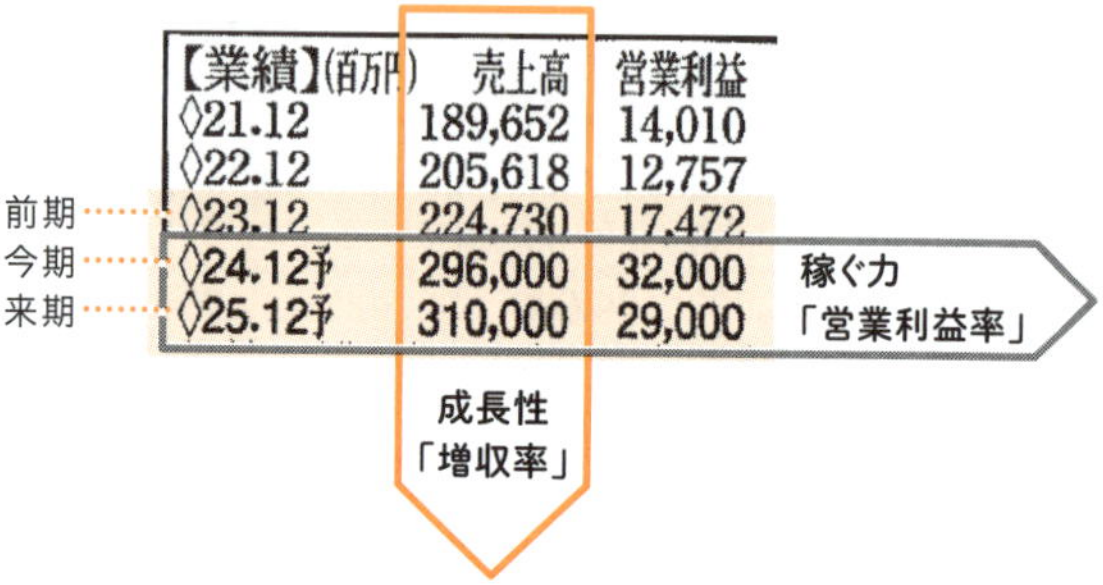

【業績】(百万円)	売上高	営業利益
◊21.12	189,652	14,010
◊22.12	205,618	12,757
◊23.12	224,730	17,472
◊24.12予	296,000	32,000
◊25.12予	310,000	29,000

シンプルに縦と横に見るだけでいい。

（出所）会社四季報 2024年3集夏号

2種類の今とこれからの力を見る

さて、売上高と営業利益の2種類を見るシンプルな方法ですが、より具体的に説明すると、注目するべき数字は、「前期」「今期予想」「来期予想」の3期分の「6つ」のみです。

ここは、次の二つの見方をすることで、簡単にその企業の「今とこれからの力」を知ることができます。

二つの見方とは、次の通りです。

1

縦に見る…成長性がわかる

2 横に見る…稼ぐ力がわかる

1 縦に見る…成長性がわかる

売上高を上から下へ、縦に見ます。売上高が伸びることを「増収」といいますが、その伸び率である「増収率」こそがその企業の「成長性」なのです。

売上高の伸び率＝成長性は、次の計算式で算出できます。

●今期の売上高の伸び率（％）
［（今期の売上高÷前期の売上高）－1］×100

●来期の売上高の伸び率（％）
［（来期の売上高÷今期の売上高）－1］×100

例えば、右ページ図のカゴメの売上高の伸び率（成長性）を計算すると、今期の売上高の伸び率は、（2960億円÷2247億円－1）×100＝31・7％。来期の売上高の伸び率は、（3100億円÷2960億円－1）×100＝4・7％となります。

売上高の伸び率から見る成長性は、20%以上を最も好ましい条件と判断しましょう。20%以上を◎とすると、10%以上20%未満は○、0%以上10%未満は△、マイナスは×といった判定になります（ただし、業種によって数値の判断は変わることがあります）。

2 横に見る…稼ぐ力がわかる

売上高と営業利益を横に見ると、稼ぐ力である営業利益率が見えてきます。稼ぐ力は言い換えると、「利益を残す力」でもあります。つまり、**この力が優れているということは、「優良性」が高いともいえる**のです。

営業利益率＝優良性は、次の計算式で算出できます。

●今期の営業利益率（%）
（今期営業利益÷今期売上高）×100
●来期の営業利益率（%）

（来期営業利益÷来期売上高）×１００

例えば、２３２ページ図のカゴメの営業利益率（優良性）を計算すると、今期の営業利益率は、（３２０億円÷２９６０億円）×１００＝10・８％。来期の営業利益率は、（２９０億円÷３１００億円）×１００＝９・３％となります。

食料品業界であれば、先ほど計算したように業界平均の営業利益率は８・０％ですので、あなたが選んだ銘柄が食料品業界でしたら、この平均と比べればいいのです。

⑥

配当利回り
株主還元か成長か

配当金を払わないという選択肢もある

株式投資には株価が上下することで得られる利益以外にも、株主還元として企業から払い込まれる**「配当」があります。**

それでは、この配当はどこから出てくるお金なのでしょうか？ それが、売上高からすべてのコストを差し引いたあとに残る**「純利益」**です。

すべての上場企業が配当金を払っているわけではありません。**配当金には、そもそも払わないという選択肢もあります。**

年間の配当金の原資は純利益ですが、「配当金」として外部に払い出すのか、または無配にして外部に流出させず「内部留保」するのか、その配分方法に投資家は注目しているのです。

例えば、純利益のうちどれくらいの割合を配当金として支払ったかを示す**「配当性向」**という指標があります。

純利益の半分を配当として株主に渡すとなると、配当性向は50％です。

これは一見株主のためになる還元だと思いがちですが、必ずしもそうではありません。ここで**「払わない」という選択をすることが後々株主のためにもなることがある**のです。

「払わないのに、なぜ株主のためになるのか？」と疑問に思われるかもしれません。ここは、企業の成長と関連します。

配当金を払うということは、企業のお金が外に出るということ。これを「外部流出」といいます。

つまり、外にお金を出してしまうよりも、企業の成長を目的に内部留保として本業にお金を使った方が、業績もさらに拡大し株価も上がるのなら、結果として株主のためになるという考え方があるのです。そのために、成長ステージにある中小型成長株は配当をゼロにして内部留保とすることが多々あるのです。

株主総会ではよく「当社はこれから成長ステージに入りますから、内部留保を優先します」などといった言い方がされます。

要するに、「本業にもっとお金を使って成長したいから、今は配当金は払えません。配当金として払わなかったお金を使って成長できた方が、結果的にあなたたち（投資家）のためになります」と宣言しているのです。

配当金を払う。

内部留保に回す。

これはどちらも株主還元を考えてやっている行動なのです。

そもそも、企業が赤字だった場合、配当金は出せません。

今、「お金があるなら配当金を出すべきだ」という議論があります。これは、自己資本が十分にある企業が、臨時の配当金を出せる状況にあるときによく言われます。

しかし、短期的な利益を目的とする投資家（アクティビスト）は、配当金を受け取ってすぐに株を売ることも多いので、私はあまり好みません。

ある年の純利益が良くなくても、過去の利益が蓄積されている場合があります。この場合、企業は「利益剰余金」を崩して配当金を出すことができます。

ここで配当金を出すのではなく、「自社株買い」をすることも株主還元の一つです。自社株買いとは、企業が自分の株を市場から買い戻すことです。これにより、市場に出回る株の数が減り、１株当たりの利益が増えます。結果として、株価が上がることが期待されるのです。

配当利回りについても、計算方法を理解しておきましょう。

配当利回り（%）＝（年間）配当金÷株価×１００

いま配当利回りの平均は、日経新聞マーケットデータ面の投資指標に毎日掲載されています。例えば、２０２４年8月19日時点のプライム市場の配当利回りの平均は2・45%です。大手メガバンク（三菱ＵＦＪ銀行、三井住友銀行、みずほ銀行）の定期預金金利（1年）は、０・０２５～０・１２５%ですから、定期預金金利に比べて配当利回りは50～１００倍ぐらい高いことがわかるでしょう。

⑦ チャート 株価の動きを把握する

長年の経験と勘が問われる

「チャート」をご存じでしょうか？　株式投資を想像したときに、特に短期投資ではこのチャートに張り付いている人をイメージするでしょう。

チャートとは、簡単にいえば株価の動きを見るグラフです。チャート分析だけで、本が１冊余裕で書けてしまうほどの奥深さがありますし、何より経験と勘が必要な分野でもあります。私が聞いた話では、毎日２００銘柄のチャートを手書きでつけ、それを50年間続けている仙人のような方もいるそうです。

そこで最低限知っておくべきポイントを三つに絞っ

てお伝えします。
ここでは、大まかなトレンドや方向性を知るために四季報のチャートをどう見るのかを解説します。実際に売買するときには、もっと期間が短いチャートを参考にするので、大きな転換点を知るための活用法に絞っていることをご理解ください。

三つのポイントとは、以下の通りです。

1　直近のローソク足は白抜きが多いか、黒塗りが多いか
2　移動平均線は上向きか、下向きか
3　一番右のローソク足は移動平均線の上にあるか、下にあるか

1　直近のローソク足は白抜きが多いか、黒塗りが多いか

チャートは、「ローソク足」「移動平均線」「出来高の棒グラフ」の三つのパーツか

ローソク足の仕組み

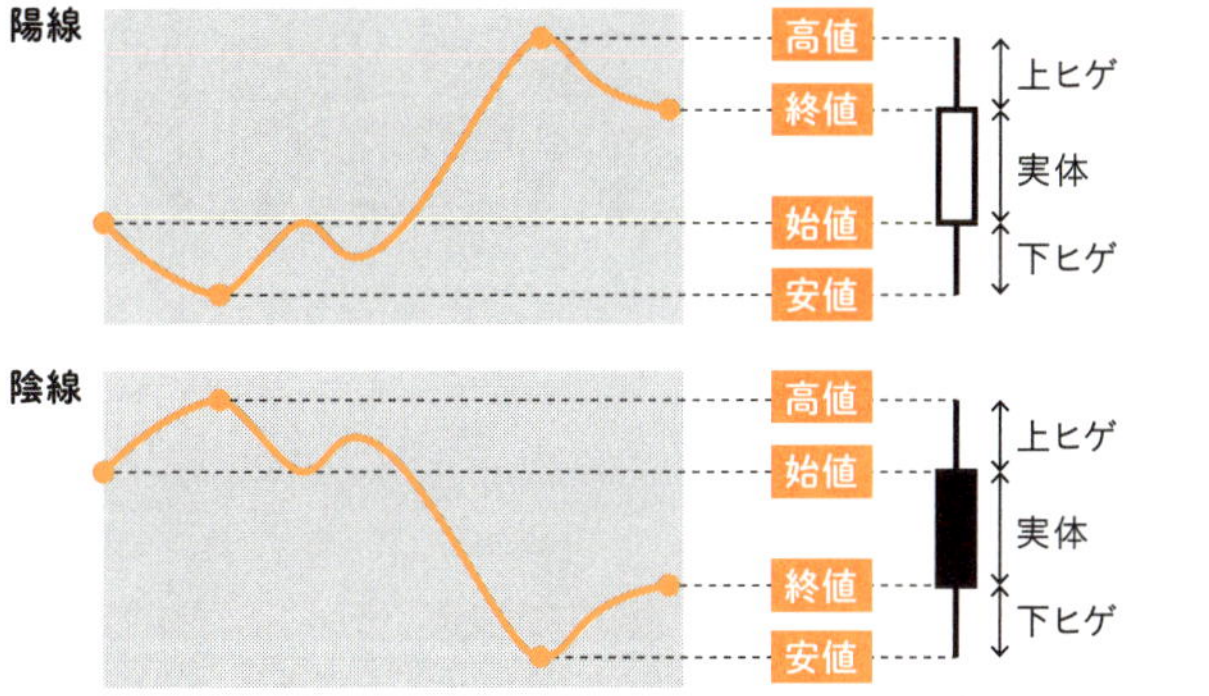

マネックス証券「はじめてのテクニカル分析」より作成

らできています。

ローソク足

株価の動きを表すグラフです。このチャートは、太い棒の上下にヒゲのような線が出ていて、その姿が蠟《ろう》燭《そく》に似ていることから「ローソク足」と呼ばれるようになりました。それぞれの意味合いを上の１枚の図にまとめました。

四季報のチャートは、株価の動きを示すローソク足チャートのうち、１本のローソク足が１か月単位で示されている「月足チャート」です。１日単位のものを日足、１週間単位を週足といいます。

四季報は月足チャートが41か月分、3年強になっています。

チャートのチェックポイントをお伝えします。

見るべきポイントは、右端から約1年分の期間です。

ここのローソク足のうち、**白抜き（陽線）が多いか、黒塗り（陰線）が多いか**を見てください。これだけで構いません。ローソク足は月初から月末にかけて株価が上がっていると白抜きになり、その逆は黒塗りになります。白抜きが多ければ○、黒塗りが多ければ×、ローソク足が短くてどちらかわからない場合は△と判定すればＯＫです。

2　移動平均線は上向きか、下向きか

次に見るべきは、「移動平均線」です。

移動平均線

一定期間の株価の終値の平均値をつなぎ合わせた折れ線グラフです。

四季報には実線と点線の2種類の移動平均線があります。実線は過去12か月（1年）、点線は過去24か月（2年）に売買された株価の平均を表します。

移動平均線はシンプルに上向きか下向きかを見ます。上向きなら〇、下向きなら×、よくわからない場合は△とします。

3　一番右のローソク足は移動平均線の上にあるか、下にあるか

最後は、右端のローソク足が移動平均線の上にあるか、下にあるかを見ます。ローソク足が上にあれば〇、下にあれば×、どちらかわからなければ△とします。

1〜3を踏まえると、次のような判断ができるようになります。

ローソク足と移動平均線を見る

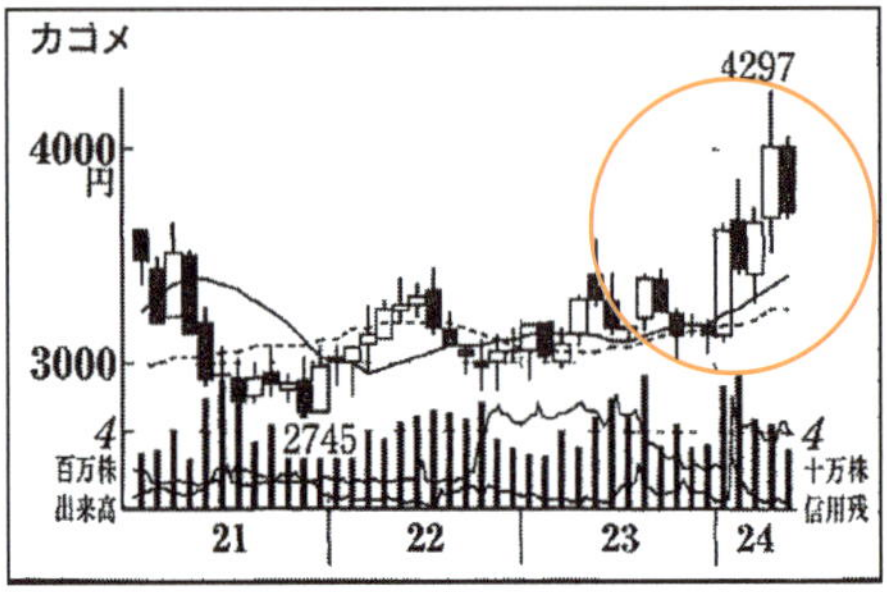

ローソク足は白抜きが多く、移動平均線は上向き、
ローソク足が移動平均線の上にある。

(出所)会社四季報 2024年3集夏号

1〜3の判定がすべて○…白抜きが多く、移動平均線は上向きで、かつローソク足が移動平均線の上にある場合。株価は「上昇トレンド」にあると考えてよいでしょう。

特に、白抜きが連続して出現する場合は、かなり強い上昇トレンドと判断できます。これは売上高などで月間目標を達成すると、次の月もその次の月も勢いがついて目標を達成し続けるのと似ていて、株価も好循環に入っている証拠なのです。

1〜3の判定がすべて×…黒塗りが多く、移動平均線も下向きで、かつローソク足が移動平均線の下にある場合。株価は「下降トレンド」と考えた方がよいでしょう。同じく黒塗りが連続する場合は、目標未達が次の未達につながる悪循環と同じで、しばらくは厳しい展開が予想されます。

ただし、**これらは「上昇トレンドだからいい」「下降トレンドだから悪い」というわけでもない**のです。

1〜3すべてが○の場合は基本的に右肩上がりのチャートですが、このように上がっている株を買ってさらに高いところで売るスタイルを「順張り」といいます。

逆にすべてが×の場合は、基本的に右肩下がりのチャートですが、下がっているものを買って反転を待つスタイルを「逆張り」といいます。

どちらが良いという話ではなく、自分に合ったスタイルを選ぶべきですが、**ここでも、投資スタイルを重視する必要があります。**自身の投資スタイルや立てたストーリーに従って判断しましょう。

なお、のちに10倍株になる銘柄の株価が上昇する前は右肩下がりになっています。

ただし逆張りは、買ったあともさらに株価が下がるリスクがありますので、理想としては1～3の組み合わせが、1×、2×、3○、になっているものが望ましいです。

チャートには先見性がある

194ページで四季報の優れた点として、「四季報には先見性がある」とお伝えしました。四季報は120名を超える記者が長年上場企業を取材しています。そこで得た情報を元にコメントや業績予想を書いているため、先見性を帯びているのです。

実は、四季報の中でも記者が介入できない「チャート」にも先見性はあるのです。

なぜ、チャートに先見性があるのか。その答えは、**「どの企業にも一般的に知り得る情報より、詳しく内部の事情を知る人々が存在するから」**です。

内部の事情を知っているからといっても、インサイダー情報が存在するというわけではありません。

例えば、従業員は自分の企業の業績を細かな数字までは知らずとも、いいか悪いか肌で感じています。取引先もいつもより発注が少なくなれば、「業績が悪いのか」と感じるでしょう。

直接業務に関係していない人たちもさまざまな気づき方をします。企業の近くに居酒屋があれば、そこに従業員の来る頻度がそのバロメーターになりますし、トラック運送などの物流業者は、原料の入荷量や完成品の出荷量を通じてその工場の稼働率を感じています。地元住民も事務所の電気が夜の何時まで点《つ》いているかや、煙突からどのくらい煙が出ているかで企業の景況感を捉えることができるのです。

私よりも前の世代のアナリストたちは、こうした工場へのトラックの出入りや事務所の電気が夜点いている様子を本当に確かめていたそうです。

このように企業の状況を把握できる人はいくらでもいるのです。空気を読むのが上手な日本人であれば、必ずしも業績数字がなくとも、その企業の景況感をなんとなく推し量れる。中には実際に投資活動を起こしている人もいるはずで、そのような小さな草の根的な動きが徐々に株価に織り込まれ、チャートが先見性を持つようになるのでしょう。

⑧バリュエーション「割安」の罠に騙されてはいけない

やっかいな誤解に惑わされるな

チャートのすぐ横にも重要な情報が載っています。それが株価バリュエーションです。**バリュエーションとは株価指標であり、企業の利益や資産と比較した企業価値評価のこと。**株価が割安なのか割高なのかを判断できます。

ここには、代表的な二つの指標が書かれています。それが、PERとPBRです。この二つは、基本中の基本の指標なのでしっかり押さえましょう。PBRは214ページで説明しましたが、重要な指標なので再度説明します。

PERはPrice Earnings Ratioの略で株価収益率、PBRはPrice Book-value Ratioの略で株価純資産倍率を意味します。

それぞれの計算式は次の通りです。

- PER（倍）＝株価÷1株当たりの利益（EPS）
- PBR（倍）＝株価÷1株当たりの純資産（BPS）

このPERとPBRは、少しやっかいな誤解を生んでいます。それは、「PERが安い（低い）株を買え」という誤解です。

なぜ、これが誤解といえるのでしょうか。

多くの人が気づけていないのですが、PERには二面性があるのです。それは、**「比較指標として見るPER」**と**「期待値として見るPER」**です。ほとんどの投資指南書に記されているのは、「比較指標として見るPER」の話です。その視点では、平均に対して「割安だったら買い」「割高だったら売り」という考え方です。

もちろん、指標として見ることが間違えているわけではありません。

ただ、**PERが高いということは、裏を返せば株価が割高になっている＝市場の期待値が高い**ということなのです。

ここで、先ほどの計算式を思い出してください。

- PER（倍）＝株価÷1株当たりの利益（EPS）

この計算式は主語がPERです。主語がPERであり続ける限り、株価が割安・割高という面しか見られず、「なぜ株価が上がるのか」に答えることができません。なぜなら株価について議論したいのに主語が「PER」だからです。そこで、計算式を展開して主語を株価に変えるのです。

- 株価＝PER（倍）×1株当たりの利益（EPS）

これは、PBRも同様です。

- 株価＝PBR（倍）×1株当たりの純資産（BPS）

となります。

株価を主語に計算式を変えると、思考が変化します。

ＰＥＲは「期待値」ですので、株価が上がるには、「ＰＥＲ（期待値）が切り上がるか、１株当たりの利益が上がるか」のどちらかが起これればいいのです（もちろん、理想はどちらも上がることです）。

ＰＥＲが上がるにはどうすればいいか。そこで重要なのが、先に登場した「期待値」という考え方です。

カタリストを見つけろ！

ここで超重要なことが**「カタリスト」**を見つけることです。

カタリストとは、直訳すると「触媒」を指し、株価変動のきっかけ、またはその要因という意味で使われます。**「株価が上がるきっかけ」**とか**「株価を押し上げる原動力」**とざっくりと覚えても大丈夫です。

カタリストは難しく考える必要はありません。「連想ゲーム」だと思ってください。

株価＝ＰＥＲ×１株当たりの利益、株価＝ＰＢＲ×１株当たりの純資産ですから、**利益または資産価値が上昇することもカタリストですし、ＰＥＲやＰＢＲといった「期待値」が切り上がることもカタリストで、それらを見つければいい**のです。

第２章で登場した「ブーム」が起きたから、利益が上がるんじゃないかと考える。第３章で登場した「構造改革」というキーワードを四季報やニュースで見かけて、利益が上がるんじゃないかと考える。

インフレによってものの値段が上がれば、資産の値段も上がるのではないかと考える。大阪万博が近づけば、「万博」関連株の期待値（ＰＥＲ）が切り上がるのではないかという考え方でよいのです。

第２章でも「投資脳」として紹介した連想ゲーム的な考え方を身につけることで、

カタリストを自然と見つけられるようになるのです。

PEGとPSR

「期待値が高いけれども、PERは低い」、こうした状況は買いです。

この判断をするために、私はPEG（Price Earnings Growth Ratio）を使っています。これはPERを成長率で割ったものです。

例えば、PERが20倍、成長率が10％だったとします（成長率にはいくつかの指標がありますが、複眼経済塾では今期と来期の営業増益率の平均を使っています）。この場合、20÷10＝2となります。つまり、PEGは2倍です。

この意味は「1％成長当たりのPER」ということで、すべてが「1％成長当たり」と基準が統一されるので、検討銘柄のPEGが市場平均より下回っていれば割安といえます。市場平均は四季報の巻頭に掲載されている「市場別業績集計表」から計算できます。

また、**ＰＳＲ（Price to Sales Ratio＝株価売上高倍率）**という指標も重要です。

ＰＳＲの計算は簡単で、時価総額÷今期売上高で求められます。こちらも四季報の「**【業種別】**業績展望」から平均がわかります。全産業の売上高は約９００兆円。上場企業の時価総額の合計もほぼ同じですので、株式市場全体の平均ＰＳＲは大体１倍です。

ＰＳＲは１倍を切っていれば非常に割安、１～４倍の場合は割安といえます。10倍株の条件を揃えた銘柄を平均すると、過去の経験則で大体４倍になります。

ＰＥＲ、ＰＥＧ、ＰＳＲの評価は、次のような目安で考えてください。

ＰＥＲ

プライム市場全体の平均以下　〇

プライム市場全体の平均超　×

ＰＥＧ
各市場平均以下　◎
各市場平均超　×

ＰＳＲ
１倍以下　◎
１倍超、４倍以下　○
４倍超、10倍以下　△
10倍超　×

こうしたバリュエーションの基準で捉えてみると、ＰＥＲだけを見て「割高だから……」と二の足を踏んでいた銘柄でも、ＰＥＧやＰＳＲを確認すると判断が変わることもあるのです。

おわりに

日本株の時代がやってきた！

2020年代もそろそろ折り返し地点を迎えるところまで来ています。ここ数年、サステナブル（持続可能）やSDGsなど、それまで目にすることのなかったキーワードに注目が集まっています。

なぜ、このようなキーワードが注目されているのか、考えたことはありますか？

私は、**欧米型の成長が限界を迎えたから**ではないかと考えています。

欧米型の成長とはどのようなものでしょうか？ それは、世界を均一化し、成長をひたすらに追いかけていく仕組みです。

人口増加に支えられた需要の拡大や売上高増加を目的に、世界中に同じ製品を配り、人々の欲望を喚起するセンセーショナルなコマーシャルを打つ。みんなが同じスマホを持ち、ＳＮＳでひたすら自己アピールを続ける。あらゆる国にマクドナルドやスターバックスがある。
こうした均一化の結果、多様な文化を持っていたはずの世界の国々はその差がなくなってしまいました。

さすがに金融業界のトップも、これ以上旧来のやり方で人々を騙すことはできないと悟り、２０１９年には「株主第一主義をやめる」と宣言します。「すべてのステークホルダーに対して分配する」と言い出したのです。これは大きなルールの変更です。そうしないと、いよいよ地球が耐えられなくなってきたということですね。

そこで注目されているのが、先にも触れた「サステナブル」です。
とはいえ、成長一辺倒で繁栄してきた現代において、サステナブルなモデルへの切り替えはそう簡単ではありません。

ところが、〝ある国〟では遥か昔からサステナブルが根付いていました。その国とは、日本です。

日本は世界に誇る長寿企業の宝庫

世界で一番古い企業をご存じでしょうか？

それは、日本の金剛組という建設会社です。**金剛組は神社仏閣を建てる宮大工の企業で、創業はなんと578年。**聖徳太子の命を受けて百済から日本に招かれた三人の工匠のうちの一人が創業者の金剛重光です。

釘《くぎ》を使わず建物を作るという行為自体がサステナブルですが、金剛組のすごさはそれだけではありません。

私は2023年に金剛組に取材に行き、当時の刀根健一会長から金剛組に代々伝わる由緒ある巻物を見せていただきました。そこには、初代から綿々と続く金剛組の歴史が記されています。

私は刀根会長に「金剛組が大切にしていることはなんですか？」とうかがいました。すると刀根会長は「『金剛』の名を残すことだ」と教えてくださったのです。そのために、金剛組は歴史的に血族ではなく経営能力を重視し、養子を後継者に据えるなど時代ごとに最善と思える手を尽くしてきたというのです。

日経 CNBC『複眼流 投資家道中ひざくりげ』にて
金剛組を取材。

そんな金剛組も2000年代前半に経営危機に陥ります。その際に金剛組を救ったのは髙松建設（現髙松コンストラクショングループ）でした。髙松建設は、金剛組がつないできた長い長い「時」という価値を重視し、「何があっても助けなければならない」と決断したそうです。

時間はお金では買えません。しかし、その発想は欧米では軽視されています。髙松建設の決断は、まさにサステナブルな発想なのです。

長い歴史を持つ企業は金剛組だけではありません。西山温泉「慶雲館」という山梨県にある旅館は705年創業。世界最古の宿としてギネスブックにも載っています。兵庫県の城崎温泉も1300年の歴史があります。温泉といえば「健康」にまつわる産業です。

さらに、石川県にある粟津温泉「法師」は718年創業。「慶雲館」に次ぐ歴史のある宿です。ここは、「修験僧で白山を開いた泰澄大師が、白山大権現のお告げに従って温泉を掘り当てた」といわれています。この場合、健康だけでなく「信仰」もキーワードです。金剛組も宮大工ですので、信仰の企業ともいえますね。

日本においては、「健康」と「信仰」は歴史の長い企業のキーワードでもあるのです。信仰が企業としてもキーワードになるのはなんとも日本的ですね。欧米では信仰というより宗教が一般的です。

金剛組や慶雲館のように1000年単位の歴史ではなく、200年、300年くらいの企業であればもっとたくさんあります。現代でも広くその名が知られるところでは、武田薬品工業やイオンもこの例に当てはまります。イオンは元々「岡田屋」という商店から事業が始まっています。

日本はこれまで何十年も欧米のルールに合わせてきました。欧米ではルールの大転換が起きようとしていますが、その新しいルールは元々日本が得意としてきた分野です。

これまでは欧米に適正な評価をされてこなかった日本企業が、正当に評価される時代が来ているのです。これは日本人として自信を持てる出来事だと感じています。

例えば、ワインの世界では古ければ古いほど値段が上がります。日本でもコンビニやスーパーで売っているワインは2000円、3000円のものが多いですが、古いワインは何百万円もします。

これと同じで、2000年代、2010年代に入って創業された歴史の浅い企業が成長性だけで評価される時代は終わり、数十年、数百年続く企業に価値が見出される時代がやってくるのです。

投資家は失敗から学ぶ生き物

ここまで投資の知識、企業の見方をさまざまな角度からお伝えしてきましたが、最後に「失敗」についても考えてみましょう。

そもそも、人生とは失敗の連続です。志望校に合格できなかった、希望の企業に入れなかった、パートナーから突然別れを切り出されたなど、深い悲しみに包まれる失敗もあれば、不良品を買ってしまった、電車に乗り遅れたといったような、小さな失敗も無数に存在します。これらの失敗をすべて避けて生きていくなど不可能でしょう。

投資も必ず失敗します。むしろ失敗から学ぶことの方が多いくらいです。

ただし、何をもって失敗と見なすのかはよく考える必要があります。

株価が上がると思って買ったけれども下がったため、損をしてしまった。これは失敗でしょうか？　利益を得ることを第一に考えていたら、失敗と思えるかもしれませんね。

でも、自分が好きな企業を応援するために株を買っていた場合はどうでしょうか。その場合は、失敗とはいえないのではないでしょうか。

つまり、**どこに価値を求めるかが重要**なのです。

万人に当てはまる失敗は、投資の世界には存在しません。断言します。数字だけを見て一喜一憂するのは間違えています。本当の望みを見失ってはいけません。

明確な失敗は存在しませんが、一つだけ確実にわかることがあります。それは、**常に勉強し続ける必要がある**ということです。

株式市場とは、人知を超えた世界です。第1章でもお伝えした通り、株式市場は森羅万象を含みます。それでも、勉強し続けたものにはヒントを与えてくれる。それが株式投資の面白いところでもあります。

人間の体も暴飲暴食や運動不足が続けば、病気になります。健康に気を遣う究極的な目的は、自分の命を守ることです。「お金は命の次に大事」という言葉もありますが、命のケアはするのに、お金のケアをしなくてもいいのでしょうか？

自分の体をケアできるのが自分だけのように、自分のお金をケアできるのは自分だけ。そのための方法が勉強なのです。

とは言っても、勉強し続けている自覚がある私自身、投資は失敗だらけです（失敗の定義を金銭的な損失と捉えるならですが）。

数千万円の資産がゼロになったことも5、6回ほどあります。投資の世界に足を踏み入れたのが野村證券のセールスだったからでしょうか。お客様のためのセールスや助言は着実に考えられるのに、いざ自分のこととなるとお客様には決して勧められないような銘柄に面白がって飛びついてしまうこともあるのです。

とはいえ、本書は読者という「お客様」のために書いたものですから、確かな情報だけお伝えしていることは補足しておきます。

投資をする人だけに見える世界

「万人に当てはまる失敗は、投資の世界には存在しません」とお伝えしました。たとえ金銭的な利益を得られなくても、必ず人生にとってプラスに働きます。

簡単にいえば、**世の中の見え方が変わる**のです。

企業を知るということは、世の中がどんな仕事で成り立っているのかを知ることにつながります。現代の世の中では、仕事でもプライベートでも嫌でも上場企業と付き合わざるを得ません。取引先がどんな企業なのか、パートナーや友人が勤めている企業を知っているかどうかで、ちょっとした雑談でも話す内容が深く、広くなるのです。話が広がれば自然と人脈も広がります。

私のことを知ってくださっている方々の間では有名な話ですが、実は私は投資をテーマにした漫画『インベスターZ』に登場する松井くんというキャラクターのモデルになっています。松井くんは『インベスターZ』第99話に登場する中学生です。私と同じ四季報マニアで、四季報の素晴らしさを力説しています。

松井くんは主人公の財前孝史を街に連れ出し、マンホールやビル、コンビニなどを見ながら、それらに関わっている上場企業を次々に紹介します。

松井くんや私のように投資家の視点を手に入れれば、街を歩いているだけで世の中の見方が変わります。「この看板はどんな企業が作っているのだろうか」「道路の白線を引く企業もあったな」「白線の上のオレンジのポールを作る企業も上場しているぞ」などと、日頃何気なく目にしている景色が違って見えるようになり、人生が楽しく、豊かになるのです。

さらに、投資をする人が増えることで社会全体に良い影響が出ると私は信じています。どんな影響があるかというと、**自己責任で物事を考える人が増えることです。**

何か問題が起こったときに、すぐさま誰が悪いかといった「犯人探し」を始める。残念ながらそんな社会になりつつあると、ここ数年感じます。

例えば、病気になったときにそれまでの自分の生活に忠告をしてくれなかった身近な他者や、治療を担当した医者が良くなかったなど、原因を自分以外に求めるような態度です。病気になったのは本人であり、治すための努力をするのも本人。結局は、本人の意思と選択でしか現状は変えられません。

少し回りくどいたとえを出してしまいましたが、選挙に行かないのに政治に文句ばかり言っている人もこの典型例です。

株式投資は、自己責任の世界です。本書でも何度も強調していますが、株式投資は森羅万象を含む公正な世界。他者に責任を求めるなどできません。投資をする人が多くなればそれを肌で感じる人が増えます。そうすると、自己責任の社会になっていくのです。

他者に責任を求めて他者を糾弾し続ける社会と、自分の行動に責任を持ち、努力を続ける人で溢れた社会。

あなたはどちらの社会を生きたいと思いますか？

これにて、本書は終わります。投資を始めたいと検討しているあなたに、最初に最低限伝えたいことはしっかりと詰め込みました。

そろそろ投資を始めませんか？

２０２４年10月　渡部清二

渡部清二（わたなべ・せいじ）

複眼経済塾 代表取締役・塾長。

1967年生まれ。1990年筑波大学第三学群基礎工学類変換工学卒業後、野村證券入社。個人投資家向け資産コンサルティングに10年、機関投資家向け日本株セールスに12年携わる。

野村證券在籍時より、『会社四季報』を1ページ目から最終ページまで読む「四季報読破」を開始。25年以上継続しており、2024年秋号の『会社四季報』をもって、計108冊を完全読破。

2013年野村證券退社。2014年四季リサーチ株式会社設立、代表取締役就任。2016年複眼経済観測所設立、2018年複眼経済塾に社名変更。2017年3月には、一般社団法人ヒューマノミクス実行委員会代表理事に就任。

テレビ・ラジオなどの投資番組に出演多数。「会社四季報オンライン」でコラム「四季報読破邁進中」を連載。『インベスターZ』の作者、三田紀房氏の公式サイトでは「世界一『四季報』を愛する男」と紹介された。

清泉女子大学にて就職講座を6年担当するなど、投資家以外への教育にも熱心に取り組んでいる。

『会社四季報の達人が教える10倍株・100倍株の探し方』（東洋経済新報社）がベストセラーになり、その後著書多数。


〈所属団体・資格〉

公益社団法人日本証券アナリスト協会検定会員、日本ファイナンシャル・プランナーズ協会認定AFP、国際テクニカルアナリスト連盟認定テクニカルアナリスト、神社検定1級、日本酒検定1級、唎酒師、西洋占星術士、大型自動車免許

そろそろ投資をはじめたい。

2024年10月10日　初版印刷
2024年10月20日　初版発行

著　者　渡部清二
発行人　黒川精一
発行所　株式会社サンマーク出版
〒169-0074
東京都新宿区北新宿2-21-1
（電）03-5348-7800
印　刷　共同印刷株式会社
製　本　株式会社村上製本所

ISBN978-4-7631-4158-3　C0030
ホームページ　https://www.sunmark.co.jp